전시된

마음

이택민
전시된 마음

Lee Taekmin,
The exhibited heart,
2025

책편사, Chaekpyunsa
10.5x18.5cm

«전시된 마음: The exhibited heart»

독립출판의 의의는 커다란 성취를 느껴보지 못한 사람도 글을 쓸 수 있다는 것에 있다. 『전시된 마음』은 책편사의 9번째 출간물로, 저자는 해당 책을 통해 우리에게는 저마다 비밀스럽게 품어 온 생각과 조심스럽게 적어 온 문장이 있다는 메시지를 전하고자 한다. 이번 책에서는 문장 속 오브제를 형상화한 선영의 그림과 함께 지난 2년간 적어낸 산문과 단상 64편을 소개한다.

Independent publishing holds its power in this simple truth: it allows those without titles, fame, or grand achievements to speak through writing. This means that everyone carries private thoughts, and the urge to shape them into language—though these are often kept hidden. Rooted in this idea, 『The exhibited heart』 marks the ninth publication by Chaekpyunsa—a quiet compilation of 64 essays, written over two years. Each text is accompanied by seonyeong's delicate drawings, which are visual interpretations of objects found within the sentences.

임선영, <전시된 마음>, 2025, 아이패드, 10.5x18.5cm
IM Seonyoung, <The exhibited heart>, 2025, iPad, 10.5x18.5cm

평소 노래를 들으며 위로를 받기도 하고, 가사나 멜로디로부터 영감을 받기도 합니다. 『전시된 마음』을 준비하며 들었던 곡 중 글에 직간접적으로 영향을 미쳤던 노래들을 소개합니다. 스무 곡의 플레이리스트가 책을 안내하는 오디오 가이드와 같은 역할을 할 수 있기를 기대합니다.

책을 펴내며

"성우야, 행복하니? 우리들 중에 지 하고 싶은 일 하면서 사는 놈 너밖에 없잖아. 그렇게 좋아하던 음악 하면서 사니까 행복하냐고……."

며칠 전, 임순례 감독의 「와이키키 브라더스」를 보다가 지난 명절에 숙모와 나눴던 대화가 떠올랐다.

"택민아, 행복해?"
"네?"
"하고 싶은 일 하면서 사니까 행복하냐고."
"행복이요?"
"그래, 행복."
"뭐, 행…복하죠?"

사실 행복하지 않았다. 당시의 난 행복해지는 법을 잊어버린 듯했다. 내 삶에 과연 '행복한 기억'이 있었는지조차 의심하던 시기였으므로 말끝을 흐릴 수

밖에 없었다. 어색한 분위기를 피해 밖으로 나와 아무도 없는 시골길을 걸으며 생각했다. 나는 왜 그 쉬운 안부 인사마저 선뜻 답하지 못하는 걸까. 사람들 눈엔 내가 '하고 싶은 일을 하며 사는 사람'으로 보이는 걸까. 하고 싶은 일을 하면 꼭 행복해야 하는 걸까. 하지만 나는 행복과는 거리가 먼 시간을 보내고 있었기에 하고 싶은 일을 하고 있다고 말해도 되는 건지 판단이 서지 않았다.

나는 그저 기록을 즐기는 사람이었다. 스무 살 무렵부터 블로그에 나의 생각을 글로 적어내기 시작했고, 훗날 그 기록을 모아 독립출판물을 펴내면서 눈에 보이지 않는 감정에 단어를 입히고 책이라는 물성의 형태로 만들어내는 것에 재미를 느끼게 되었다. 나의 경험과 표현이 누군가에게 위로가 되고, 누군가에게 공감을 사는 경험은 그동안 느껴본 적 없는 고차원의 보람이었다. 그런데 이제는 그 일련의 과정이 숙제처럼 느껴지고 부담으로 다가온다. 애초에 잘하려고 시작했던 게 아닌데, 하다 보니 잘하고 싶었을 뿐인데, 갈수록 의무감이 커졌다. 블로그 포스트 발행 버튼을 누르는 데는 돈이 들지 않지만, 책을 출간하는 일에는 적잖은 돈이 든다. 그런데도 어떠한 이유에서 구태여 이 일을 지속하는 걸까.

요즘의 나는 무얼 하든지, 누굴 만나든지 그 일이나 관계에 있어 잘 해내고 싶은 것이 아니라 잘 보이고 싶어 애쓰는 것 같다고 느껴졌다. 덤덤히 나의 감정이나 상황을 보여주지 않고, 자꾸만 마음을 숨기고 예쁘게 꾸며내기에 바빴다. 아무도 등 떠민 적 없는 일을 하면서 주변 사람들에게 힘들다고 투정이나 부리고, 괜히 혼자 자격지심에 빠져 안부를 묻는 다정한 말에도 예민하게 반응하고 있던 것이다. 그렇게 나는 끊임없이 타인과 비교하며 스스로 가치를 깎아내렸다. 나는 나일 뿐인데. 나는 나의 삶을 사는 것뿐인데. 우리는 모두 어쩌다 주어진 생이고, 어쩌다 흘러온 생인데……. 이런 마음을 알아차리는 것과는 별개로 남들과 나를 견주어 보려는 욕심은 나날이 커져만 갔고, 그 삿된 욕심이 나를 짓누르는 지경에 이르렀다.

그러던 어느 날, 나와 비슷한 고민을 털어놓는 친구의 모습을 보며 내가 품고 있는 걱정과 불안이 비단 나 혼자만의 것이 아니라는 사실을, 나와 비슷한 생각을 하는 존재만으로도 괜한 위로와 묘한 용기를 얻을 수 있다는 사실을 깨닫게 되었다. 그렇다면 나의 마음을 적어낸 글이 나와 닮은 마음을 가진 이들에게 위안이 될 수도 있지 않을까 생각했다.

    이번 책에는 『공허 한 거리』를 펴낸 이후, 한 시절의 여백을 지나오며 변화한 지난 2년간의 감정과 생각들이 담겨 있다. 어떤 글은 날 것의 느낌을 살리기 위해 당시의 기록을 그대로 지면 위에 옮겨 놓았고, 어떤 글은 전시회에 출품하듯 심혈을 기울여 다듬고 윤색했다. 글을 여러 번 읽고 퇴고하는 과정에서 본래의 색채가 옅어지고, 말하고자 하는 바가 모호해지는 건 아닐까 걱정도 했지만, 이 또한 나의 욕심이라고 여겼다. 글이란 쓰는 순간 과거가 되고 읽는 순간 현재가 되기에 앞으로 이 책에 생명력을 불어넣어 줄 이는 내가 아니라 바로 당신이다.

    이러한 마음으로 펴낸 『전시된 마음』은 30대에 들어서 출간하는 첫 번째 기록물이기도 하다. 처음으로 독립출판을 접했을 때만큼이나 긴장되고 설레는 기분이다. 오랜만에 단행본을 준비하면서 독립출판이 주는 의미는 과연 무엇일까 떠올려보았다. 나에게 있어 독립출판의 의의는 커다란 성취를 느껴보지 못한 사람도 글을 쓸 수 있다는 것에 있다. 우리에게는 저마다 비밀스럽게 품어 온 생각과 조심스럽게 적어 온 문장이 있다. 그러니까 이제는 그만 나의 욕심과 욕망을 놓아주려 한다. 나만 알고 있는 못난 마음을, 보기 좋게 액자에 넣어 벽에 걸어두고 한 발짝 떨어져 바라보려 한다. 느긋하게 전시된 작품을 감상하듯 한 손을 턱에 괴고서, 때로는 관조하듯 팔짱을 끼고서.

    이 책을 읽고 있는 당신이 마지막 페이지를 덮었을 때, 자기 내면의 다양한 모습을 부정하지 않고 받아들일 수 있는, 그런 마음의 여유가 찾아들기를 바란다. 잘하고 싶은 욕심도, 잘 보이고 싶은 욕망도 모두 나이고, 나였음을.

2025년 유월

이택민 올림

차례

- 책을 펴내며

1부 아직 이름 지어지지 않은 색

- 사람이란 독주   21
- 무지와 판단   22
- 집들이   24
- 빈 옷장   28
- 마음이 까매서 그래요   32
- 4월 14일, 날씨 비 조금   33
- 묵호의 일   38
- 식은 마음   40
- 어쩌면 사람 일이란 것도   42
- 아직 이름 지어지지 않은 색   43
- 이름 붙이는 순간   44
- 어떤 장면   45
- 과실과 과실   48
- 내 안의 우물   49
- 엉킨 이어폰   50
- 침묵의 이유   51
- 아홉번째 길   54

- 수양버들 56
- 발톱 58
- 깨져야 의의 있는 것들 60

2부 빛이 머문 자리

- 걱정을 끊어내는 사람들 65
- 빛이 머문 자리 70
- 먼지가 쌓이면 78
- 습관처럼 80
- 고민의 무게 82
- 느리게 달리기 83
- 여름 손수건 86
- 쉬어 가는 의자 92
- 나의 서빙일지 98
- 어느 나라의 야시장에서 116
- 아무 일도 일어나지 않는다 123
- 마음체를 배워야 할 때 124
- 기다리는 방식 126
- 글자를 쓸 땐 건조한 마음으로 127
- 겨울은 거울을 닮아서 128
- 다 그런 거란다 132
- (무/화과/치/즈크/림바/게/트) 133

3부 나에 대해 몰랐던 사실

- 이 차가운 공간 속에   137
- 혼동   142
- 생의 구석   143
- 그것을 둘이나 가지고서   144
- 사대 욕구   146
- 웃지 않는 연습   148
- 나에 대해 몰랐던 사실   151
- 잠든 얼굴   152
- 누구나 한 번쯤은   158
- 인연의 가름끈   166
- 잘할 수 있다   170
- 진짜든 가짜든   174
- 단기 알바   188
- 우리는 어떤 향으로 기억될까   193

4부 소진의 형식

- 초록동색   197
- 중심을 찾아서   198
- 흔들리고 휘청이는 당신에게   200
- 품이 든 만큼   202
- 독립출판 코너   206

- 브로콜리밭 바라보기 208
- 시간에 시간을 덧대는 사람들 214
- 끝자락을 매만지는 일 221
- 과거에서 벗어나 보세요 222
- 시선과 태도 249
- 착각 260
- 온종일 짜파게티 생각을 했다 262
- 소진의 형식 264

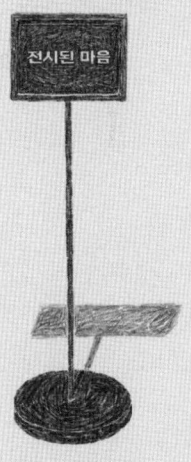

1부

―

아직 이름 지어지지 않은 색

사람이란 독주

독주를 마신 뒤엔 칼칼한 뒷맛이 따라온다. 도수가 높은 술일수록 마실 땐 달고 숙취는 긴 법. 지난 주말 마셔낸 술이 또 한 번의 주말을 앞둔 오늘까지 영향을 미친다. 술의 잔향, 고깃집에서 짙게 밴 기름 냄새, 단어에 베인 상처, 시간이 준 트라우마, 공간이 남긴 향수, 파도처럼 덮친 여독, 날파리 가득한 조명등. 그중에서 가장 큰 숙취를 남기는 건, 다름 아닌 사람이란 독주……. 독주를 마실 때면 대번에 들이켜기 어려워 얼음이나 탄산수 따위에게 도움을 받는다. 눈을 질끈 감고 타들어 가는 끝맛을 온몸으로 느끼기도 한다. 독하게 퍼지는 여운과 서서히 번지는 외로움. 지금 내가 느끼는 미련은 술잔을 빠르게 기울인 탓인지, 술잔을 핑계로 마주한 얼굴 때문인지. 고독은 만연한데 외로움은 여름날 모기처럼 한 시절을 괴롭히다 돌연 자취를 감춘다.

무지와 판단

아니다, 괜찮다, 신경 쓰지 않는다, 되뇔수록 그 생각에 사로잡혀 버린다. 벗어나려 할수록 발목을 휘감는 그물처럼, 설명하려 할수록 부풀어 오르는 오해처럼.

사소한 것 하나하나에 진종일 신경이 쓰인다. 보지 않아도 될 것을 보게 된 후에 찾아오는 무력감과 공허함은 상대가 아닌 스스로를 향한 자책으로 이어진다. 그걸 뭣 하러 봐서. 그걸 뭣 하러 눌러서. 대체 그걸 뭣 하러!

무지가 사람을 불안케 한다지만, 때로는 그 무지로 인해 일상의 평온을 가질 수 있다. 너무 많이 보게 되어 너무 많이 걱정하게 된다. 소셜 미디어를 통해 타인의 삶을 관조한다는 건 소설이나 영화를 보는 것과는 다르다.

소설을 읽을 땐 주인공에게 자신을 대입하게 되고, 영화를 볼 땐 흘러가는 이야기에 몰입하게 된다. 하지만 누군가의 삶을 '본다'라는 건, 자연스레 나의 상황과 비교하게 된다. 게다가 우리가 보고 있는 것이 정말 진실인가 싶기도 하다.

우리는 선택한다. 그 이전에 판단한다. 때로는 속단하고 때로는 예단한다. 쉽게 와전되고 쉽게 오해를 받는 시대다. 이런 시대에서 침묵은 도망이 된다. 말하지 않으면 들리지 않고, 말한다 한들 듣지 않는다. 이미 그대들의 판단은 내려졌으므로.

집들이

 D의 집으로 집들이에 갔을 때의 일이다. 친구에게 선물을 건네며 현관에 발을 들이는 순간, 어떠한 향이, 어쩌면 세련되었다고 말할 수 있는 향이 코로 들어왔다.

 신발을 벗으면서 흘깃 살펴본 세간은 몹시 소박했다. 자취 3개월 차에 접어든 그는 수납공간을 백배 활용하며 한때 취미였던 캠핑용품으로 가구를 대신하고 있었다. 은은한 황색 조명과 원목 소재의 탁자 덕분에 실내 분위기는 대체로 따뜻했다. 찬장에는 민무늬 키친크로스 위로 투명한 컵과 새하얀 접시가 놓여 있었고 그 수도 많지 않았다. 친구는 지난주에 지인들이 놀러 왔는데, 접시가 부족하여 상차림을 바꿀 때마다 설거지를 했다고 했으니 부엌살림이 얼마나 간소한지 알 수 있었다.

 회사 앞에 자취방을 구한 그는 걸어서 사무실까지 5분이면 갈 수 있어 생활 반경뿐만 아니라 생활 습관마저 단순해졌다고 했다. 생활 발자국은 단조로워졌지만 되려 그의 하루는 회사 일과 퇴근 후의 삶으로 충만해 보였다. 때문에 그가 사는 집이, 코스트코에서 사 온 장거리를 넣기 위해 열어본 냉장고에 계란과 김치, 생수와 캔맥주만이 들어있었음에도 보이지 않는 무언가로, 이를테면 직접 고른 인센스 스틱의 차분한 향과 곳곳에 스며든 집주인의 취향으로 가득 차 있다는 느낌을 받은 것이다.

D는 예전부터 덜어내는 연습을 하는 사람이었다. 종종 그와 연락을 나누며 무엇을 비워내었는지에 대해(그것이 물건일 때도, 관계일 때도 있었다) 이야기 나누곤 했다. 때문에 직접 보게 된 그의 라이프 스타일이 놀랍진 않았지만 그동안 바라던 모습으로 자기만의 방을 꾸려나가는 것이 내심 부럽기도 했다. 여전히 부모님 그늘 아래에서 살고 있는 나로서는 너무 먼, 너무나도 큰 어른의 생활 방식처럼 보였기 때문이다.

나도 나만의 공간을 갖게 된다면, 내 과거를 알고 있는 사물의 낡은 인기척으로부터 벗어날 수 있다면, 그에 따라 머릿속의 생각과 마음속의 다짐도 다른 모습으로 바뀔 수 있을까 상상했다. 미니멀 라이프를 행하는 자는 사고방식 또한 미니멀해지진 않을까. 집 안에 많은 물건을 들이지 않듯 삶에서도 많은 관계와 고민, 상념과 분노를 덜어낼 수 있진 않을까. 왠지 모르게 이전보다 차분해진 친구의 모습에 인간은 자신을 둘러싼 환경에 많은 영향을 받는다는 진부한 말을 떠올리게 됐다.

그리고 이어진 생각.

나는 어떤 환경 속에 살고 있는가?

어떤 사람들 곁에서 살아가고 있는가?

집들이를 마치고 집으로 돌아오는 길, 나는 자연스레 나의 주변을 살피고 있었다. 그러나 주위를 둘러볼수록 자각하게 되는 건, 타인의 모습이 아닌 지금 내가 서 있는 자리였다.

아무리 야트막한 언덕이라도 그 위에 올라가 보면 밑에 있을 때와는 전혀 다른 풍경이 보인다. 내가 어디에 있는지에 따라 시야가 달라지고, 무엇을 바라보는지에 따라 풍경이 달라지는 것이다.

그러니까 나는 무작정 저지르고 보는, 그걸 바라만 봐야 하는 입장을 고려하지 않는 사람을 믿지 않기로 했다. 슬픔을 투명 망토처럼 두른 이를 멀리하기로 했다.

*

집들이에 갔던 그날 밤, 친구는 집에 소주잔이 없다며 작은 도자기 잔 두 개를 가져왔다. 일반 소주잔 용량의 절반 정도 되는 크기였다. 그때 친구는 잔에 술을 가득 따라주며 말했다.

"잔이 작으니까, 우리 자주 짠하자!"

그렇지. 술 양이 적으면 자주 건배하면 되지. 걸음이 더디면 한 발 더 나아가면 되지. 시야가 좁으면 조금 더 높은 곳으로 올라가면 된다. 생각이 많아 무거워지면 또 그만큼 자주 비워내면 된다.

빈 옷장

 마음이 소란할 때 옷장을 비우는 습관이 있다. 속이 시끄러워지면 더는 입지 않거나 오래된 옷을 옷장에서 비워낸다. 가슴께 깊숙한 곳에 자리 잡은 응어리를 끄집어내고 싶지만, 그러지 못하는 탓에 당장이라도 버릴 수 있는 애꿎은 옷을 찾는다. 책장에서 책을, 서랍에서 안 쓰는 물건을 버릴 수 있지만 아무래도 옷장의 옷을 버려야 답답한 속이 풀리곤 한다. 그건 아마도 옷에 깃든 지난날의 기억 때문일 것이다. 날이 갈수록 옷장 속엔 빈 옷걸이가 많아진다. 방 한구석엔 내팽개쳐진 시절이 켜켜이 쌓이고 있다.

 듬성해진 옷장을 본다. 늦겨울임에도 행거에 걸린 옷은 몇 벌 없고 붙박이장엔 틈이 많다. 겨울 외투라고는 수년 전에 산 노스페이스 플리스와 기장이 긴 유니클로 야상 점퍼뿐이다. 그래도 이번 겨울엔 검은색 발마칸 코트를 장만해 한 철 잘 입고 다녔다. 색도 색이지만 오버 사이즈에 품이 큰 외투라 나를 숨기기에 제격이었다. 누군가 겨우내 코트만 입고 다니는 내게 '얼죽코'라며 멋을 부린다 했지만 그는 나의 옷장 사정을 몰라서 하는 말이었다.

 오늘도 나는 어김없이 찾아온 소란에 옷장에서 옷을 비운다. 보풀이 인 베이지색 집업 니트와 목이 늘어난 반소매 카라티 두 장을 꺼낸다. 지난 일 년 동안 한 번도 입지 않은 회색 면바지와 검정 슬랙스도 옷걸이에서 벗겨낸다. 거기에 몸이 불어 사이즈가 맞지 않는 운동복 한 벌과 바람막이까지.

 정신없이 옷장을 비우다 보면 때때로 분별력이 사라지는 기분이 든다. 더 버리고 싶은 충동이, 더 많은 걸 비우고 싶은 이상한 욕구가 치솟는다. 이처럼 복잡한 속내를 마구잡이로 비워낼 수 있다면, 덜어내는 일이 되려 마음을 채워줄 수 있다면 얼마나 좋을까. 옷장을 비우고 있을 뿐인데 자꾸 무언가가 끝나고 있다는 기분이 든다. 가끔 입을 옷이 없다고 투정을 부리며 왜 그때 그 옷을 버렸을까 후회도 하는데, 한 번 버린 옷은 뱉어버린 말과 같아서 도로 들일 수 없다. 때로는 후회하기 위해 옷장을 비우는 것 같기도 하다.

   주인 잃은 옷걸이가 빈 어깨로 옷장 봉에 걸려 있다. 옷걸이의 입장에서는 제 쓸모를 다하는 편이 좋은 걸까, 이렇게 가끔 쉬는 시간을 갖는 편이 나은 걸까. 전자의 마음을 가지고 있는 옷걸이가 있다면 다음 계절이 돌아올 때까지 나를 오래도록 걸어둘 텐데. 당신 마음은 너무 무겁다고 아우성치면 옷걸이 몇 개를 겹쳐 목덜미 사이에 집어넣을 텐데…….

   남은 옷과 남은 옷 사이에 서먹한 기운이 감돈다. 여름옷과 겨울옷 사이에 어색한 침묵이 흐른다. 옷장 속에 남겨진 것들을 헤아리다 보면 끝내 남겨질 것들이 선명해진다. 원하고 원망해도 잊을 수 없는 이름이 있듯, 비우고 비워도 버릴 수 없는 미련한 추억이 있다. 어쩌면 내가 진정으로 비우고 싶었던 건 옷들이 아니라 무겁고 낡아버린 나의 과거가 아니었을까.

익숙한 새벽 세 시, 뜬눈으로 밤을 지새우다 벌떡 일어나 옷장 앞으로 간다. 철 지난 재킷(재작년에 사서 올봄에 한 번도 입지 않은)과 작아진 셔츠(대학 졸업 시즌 면접을 위해 백화점에서 샀던)를 또 한 번 비운다. 그렇게 멍하니 빈 옷장을 바라보며, 하루 한 잔의 위스키와 한 모금의 담배 그리고 사랑하는 애인만 있다면 집도 포기할 수 있었던 영화 「소공녀」의 주인공 미소를 떠올린다.

아무리 비우고 덜어내도 끝까지 나의 곁에 남을 물건은 무엇일까. 중요하다고 여겨지는 것을 포기하더라도 반드시 지켜야 하는 나만의 가치와 신념은 과연 무엇일까. 끝없이 가지를 뻗어가는 생각도 잠시, 오늘은 그만 과거의 일부를 새벽에 걸어두고 눈을 감아야 한다. 사념을 조금이나마 덜어냈다는 착각 속에 시간을 흘려보내야 한다. 옷걸이에서 벗어나 방바닥에 제멋대로 널브러진 재킷처럼. 내일 아침이면 헌옷수거함에 버려질 운명의 셔츠처럼.

마음이 까매서 그래요

 마음이 까매서 그래요. 머리부터 발끝까지 검은 옷으로 치장한 내게 누군가 말한다. 새까매진 얼굴로 비밀을 누설하듯 속옷도 검은색입니다, 라고 말하자 그는 표정을 꾸긴다. 다행히 검은 신발 아래 검붉게 물들어 가고 있는 엄지발톱을 보여주진 않았다. 날 선 혀끝으로 살갗을 찔러 검은 피를 보여주지도 않았다. 검은 속내를 들킨 적 한두 번 아니라지만 마음이 까매서 그렇다는 말은 나를 점점 더 타들어 가게 한다. 검은 발자국 남기고 돌아온 밤, 유독 새까만 옷이 가득한 옷장으로 들어가 잠을 청한다.

4월 14일, 날씨 비 조금

눈을 떴을 땐 비가 내리고 있었다. 지난밤 이른 더위에 창문을 열어둔 채로 잤고 그 덕에 빗소리를 들으며 잠에서 깼다. 우리 집은 3층이어서 비 오는 날 창문을 열어 놓으면 빗방울이 땅바닥에 추적추적 내려앉는 소리도 들리고, 2층 높이까지 웃자란 나무의 이파리에 부딪히는 빗소리도 들리고, 에어컨 실외기와 창틀을 때리는 따가운 빗소리도 들린다. 어젯밤엔 '삶을 정상화하기'라는 이름으로 다음날 일어나 해야 할 일들을 적어뒀는데, 봄비 소리에 이른 아침 눈을 뜰 수 있었다. ~~1. 늦잠 X.~~ 목록에 적어낸 첫 번째 항목이었다. 창으로 스미는 쌀쌀한 기운에 스마트폰 날씨 앱을 확인해 보니 어제보다 10도나 낮다. 봄을 건너뛰고 여름으로 가려는 계절에게 봄비는 나 여기 있다고, 아직 봄을 지나쳐가지 말라고 시간의 어깨를 붙잡는 것만 같다. 4월의 봄비는 잠든 봄과 나를 깨워주었다.

눈을 뜨고 처음으로 한 일은 미역국을 데우는 일이었다. 나는 한 주먹보다 작은 밥을 국에 말아 먹고 식탁에 놓인 바나나를 하나 뜯어 먹었다. 바나나가 꼭지에서부터 길게 뜯어지는 모습을 보고 손거스러미가 찢어지는 것 같다고 생각했다. 요즘엔 이렇게 아찔한 상상을 자주 한다.

바나나를 들고 어슬렁어슬렁 방으로 돌아와 데스크톱이 놓인 책상과 서랍을 정리했다. 펜촉이 무뎌져 더 이상 쓰지 않는 펜, 누군가에게 선물 받았지만 사용하지 않는 떡 메모지, 한두 장 적고 만 일기장, 이건 왜 여기 있지 싶은 잡동사니를 눈앞에서 치웠다. 옮길 건 옮기고 그마저도 안되는 것들은 쓰레기통에 버렸다. 서랍 두 칸을 정리했을 뿐인데 기분이 조금 나아지는 듯했다.

그러고는 안락의자에 드러눕듯 앉아 어제 읽다 만 신이인 시인의 에세이*를 펼쳤다. 책갈피가 끼워져있던 곳은 저자의 추천 플레이리스트가 있는 페이지였다. A부터 I까지 9곡이 들어있었고 QR코드를 스캔하면 그 노래의 유튜브 링크가 떴다. 질문지를 따라가다 보면 자신에게 맞는 곡을 찾을 수 있었는데, 내가 추천받은 곡은 자우림의 「XOXO」였다. 평소 김윤아를 좋아하던 난 그 노래가 꼭 마음에 들었다. 이런 곡을 추천하는 사람이라면 다른 음악도 들어보면 좋겠다 싶어 나머지 곡을 멜론 플레이리스트에 추가했다.

이어폰에서 차례로 흘러나오는 노래를 들으며 다른 방으로 이동했다. 누나가 서울로 거처를 옮긴 후 옷방이자 책 창고로 사용하는 방이었다. 너저분하게 흩어져있던 책들을 베란다로 옮기고 냉기가 감도는 방바닥 위에 요가 매트를 펼쳤다. 때마침 흘러나온 「Glide」 전주에 맞춰 몸을 풀었다. 영화 「애프터 양」과 「릴리 슈슈의 모든 것」의 OST였다. 나는 멜로디에 몸을 맡긴 채 오른발을 왼쪽 대퇴부 안으로 가져와 전굴을 시도했다. 반대편 다리 근육도 풀어준 후 다운 독으로 넘어갔다. 종아리 근육이 늘어나는 느낌이 들었고 발바닥은 여전히 땅에 닿지 않았다. 요가를 띄엄띄엄했던 것이 티가 났다. 기억을 더듬어가며 동작을 이어갔고 부장가아사나에서는 백예린의 「I'll be your family!」를 들으며 3분 49초 동안 부동을 유지했다.

다음으로 우르드바 다누라아사나를 하고, 할라아사나에서 몇 분을 머물렀다. 머리 서기에 도전했다. 머리 앞쪽으로 팔깍지를 끼고 어깨 각도를 삼각형으로 만들어 발끝을 천천히 몸통 가까이 가져왔다. 실패. 실패. 실패. 급하게 발을 들어 올리다 또 실패. 요가원을 다닌 수개월 동안에도 되지 않던 동작이 이제 와서 될 리 없었다.

실패하는 게 아니라 연습하는 것이라고 생각하며 호흡을 가다듬고 천천히 발을 안으로 가져왔다. 복부의 코어가 훈련돼 있지 않아 온전한 내 힘으로 다리를 끌어올리는 건 도저히 불가능했다. 반동을 이용해 다리를 들어 올렸지만 일순 휘청였고 왼편으로 철퍼덕 쓰러졌다. 다시 한번 더. 다리를 들어 올리는 것까지 성공. 좌우로 몸이 흔들렸지만 힘을 꽉 주고 유지. 다리를 위로 뻗지 않은 상태로 얼마간 유지했다. 그 상태만으로도 나는 만족스러웠다. 매트 위에서 허우적거리는 사이 트랙의 첫 노래인 자우림이 흘러나왔다.

평소 자주 듣던 노래로 바꾸고 바닥에 대자로 누웠다. 이고도의 「Mouse」를 들으며 "긴 고요 속에 숨죽여 있는 법"을 배웠다. 노래가 끝나고 몸을 편한 쪽으로 뒤집어 손으로 땅을 짚고 일어나 앉았다. 머리가 헝클어진 거울 속의 나를 보며 나마스떼, 인사했다. 거울에 비친 나도 고개를 숙이며 인사를 건네왔다. 매트 위로 몸을 일으켜 세웠을 땐 등허리에서 가느다란 봄비가 내리고 있었다.

*신이인, 「3월에 태어난 사람에게」, 『이듬해 봄』, 난다, 2024

묵호의 일

 가려 했던 횟집 대문에 임시 휴업 딱지가 붙어 있다. 옆집의 무늬오징어는 하룻밤 사이 가격이 배로 뛰었다. 임시나 싯가 같은 불투명한 단어들. 손바닥 지도는 언제나 영업 중이고 오늘의 가격은 오늘에서야 알 수 있다. 하루 종일, 항시 대기, 연중무휴와 같은 단어는 정량을 꼭 맞춰야 하는 저울 앞의 고깃덩어리 같다. 한 치의 오차도 용납할 수 없는 무거운 중압감이 저들을 일순 무책임하게 만드는 것이다.

 해변을 따라 걷는다. 돌아오려면 그만큼의 길을 도로 걸어와야 하지만 지금 나에게는 딱 그만큼의 확실한 무언가가 필요하다. 당장의 허기를 달래주는 한 줄의 김밥처럼 목마름을 단숨에 씻겨 내려주는 한 잔의 맥주처럼. 그것이 더 많은 갈증을 불러일으킬지라도.

 어달해변 앞으로 서퍼 무리가 보인다. 그들은

차가운 바닷물을 온몸으로 받아내며 파도를 기다리다 자신에게 적당한 파도가 밀려오면 그 위로 올라탄다. 불확실성에 몸을 맡기는 그들이 신기하기만 한데 따지고 보면 파고는 매번 바뀌지만 파도는 끊이지 않는다는 점에서 확실한 승리에 배팅을 거는 안전주의자 같기도 하다.

    걸어도 걸어도 바다는 계속 내 옆에 있지만 서퍼들은 시야에서 점차 멀어진다. 저들은 어디로 몸을 내던지고 있는 걸까. 나는 지금 어디로 가려 하고 있는 걸까. 여기서 발걸음을 멈추면 어딘가에 도착했다고 말할 수 있을까. 그럴 수 있다면 도착이란 제 삶에 자발적인 책임감을 부여하는 단어일 테다. 발길을 멈추고 신발 끝으로 흙바닥을 짓이긴다. 작게 파인 이곳을 나의 종점이자 새로운 시작점으로 여기기로 한다. 책임은 내가 멈춰 선 곳에서 생긴다. 확신은 내가 여러 번 마음을 덧댄 곳에서 피어난다.

식은 마음

"사장님, 여기 공깃밥 하나 주세요."
"예, 그러세요. 식은 밥으로 드릴까요? 뜨거운 밥으로 드릴까요?"

식은 밥? 그래, 찬밥 신세는 있어도 찬밥은 없지. 뜨겁게 지어졌다 식어버린 밥이 있을 뿐이지. 동해의 어느 장칼국수 집에서 면발을 모두 건져 먹고 남은 국물에 밥을 말아 먹으며 생각했다.

식사를 마치고 역 앞의 카페로 넘어와 핸드 드립 커피 두 잔을 주문했다. 나는 차갑게, 동행인은 뜨겁게. 주문한 커피를 가지고 소파 자리에 앉아 각자 가져온 책을 읽었다. 나는 에세이를, 그는 소설집을.

'에티오피아 아나소라' 원두를 사용한 아이스 커피는 시간이 지나도 차가운 커피였지만, '콜롬비아 엘 플라세르 핑크 버번' 원두로 내린 뜨거운 커피는 시간이 지나자 식은 커피가 됐다. 얼음이 녹은 커피와 온도가 식은 커피는 원두가 주는 풍미만큼이나 향과 맛이 달랐다.

식은 밥과 식은 커피는 곧바로 얻어지는 결과물이 아니다. 갓 지은 밥이나 막 내린 커피를 일정 시간 상온에 두거나 냉장고에 넣어둬야 도달할 수 있는 상태다. 즉, 기다림이 필요한 일이다. 붉게 달아올랐던 얼굴이 제 색을 되찾고, 발끈했던 마음이 잠깐의 산책 끝에 가라앉는 것도 같은 성질의 이야기. 그렇게 시간에 의해 식은 것들을 떠올린다. 뜬 눈으로 쳐다 보기 어려웠던 정오의 햇살도 해 질 무렵이 되면 그저 넋 놓고 바라보는 석양이 된다.

미지근하게 식은 마음이 꼭 나쁜 것만은 아니다. 우리의 마음이 한때 뜨거웠다는 방증일 테니까. 무언가 식는다는 건, 뜨거웠던 존재만이 도달할 수 있는 어느 한 지점이 아닐까. 더 이상 뜨겁지 않다는 건, 쉽게 흔들리지 않는 편안함에 이르렀다는 뜻일지도 모른다.

어쩌면 사람 일이란 것도

  열차 안에서 차창 밖 일몰을 바라보다 이런 생각이 든다. 시간은 내가 가만히 앉아 있어도 하염없이 앞으로 흘러가는 것이고, 원하든 원하지 않든 나의 일부를 다른 지점에 데려다주는 것이라고. 수평으로 흐르는 시간과 별개로 또 하나의 시간선은 석양처럼 산등성이 뒤로 사라지는 것이고, 수평과 수직의 두 시간선이 맞물리는 지점에서 사람들은 커다란 아픔을 한 번씩 겪는 것이라고. 그 순간을 거치지 않고서는 앞으로 나아갈 수 없는 것이라고.

  제아무리 잘못 탄 열차라도 한번 움직이기 시작한 바퀴를 멈출 순 없는 노릇. 어쩌면 사람 일이란 것도……

아직 이름 지어지지 않은 색

 색연필 통 속 비어 있는 자리의 색은 무얼까. 뼈마디 하나 없이 태어난 발가락처럼 새로 산 마음에 공석이 하나 있다.

 우울함을 의미하는 색이 있다는데 미안함을 전하는 색은 어떤 색일까. 세상엔 아직 이름 지어지지 않은 색이 너무나도 많다.

 얼굴이 없어 울음을 터트린 아이는 할머니 장례식에 할머니는 왜 오지 않느냐고 소리 지르고, 나는 부재의 이유를 먼 곳에서부터 찾는다.

 발가락 개수를 세다가, 하늘에 뜬 무지개색을 손가락 끝으로 더듬다가, 버스 창가 자리의 공허를 헤아리다가 유치의 공백을 기억해 낸다.

 생이 버거운 건 이미 가지고 있는 색을 외면하고 자신도 알지 못하는 색을 갈망해서다.

이름 붙이는 순간

돌돌이 테이프로 바닥을 굴리면 육안으로는 보이지 않던 먼지와 머리카락, 손톱과 땅콩 껍질 같은 생활 찌꺼기가 잔뜩 붙어 나온다. 글쓰기도 그렇다. 글을 쓰다 보면 일상을 지내며 체득한, 눈에는 보이지 않더라도 시간에 의해 축적된, 저기 생의 밑바닥 어딘가에 분명하게 내려앉은 기억들이 끈적한 백지 위로 들러붙는다. 더럽고 밉고 무가치하다고 여겼던 일상의 불순물을 두 눈으로 확인하고 이름 붙이는 순간, 그것들은 더 이상 더럽고 밉고 무가치하지만은 않은 실재가 된다.

어떤 장면

 행궁동 카페는 어딜 가나 수다 소리로 가득하다. 비교적 조용한 카페를 찾아 시인이 지었다는 단어의 집을 구경하고 있는데, 반대편 테이블로 세 명의 무리가 자리를 잡는다. 곧이어 음료가 준비되었다는 진동벨이 울리고 의자 끄는 소리가 길게 퍼진다.
 찌렁찌렁, 끄윽끄윽.

 대화가 이어폰 사이를 뚫고 들어오자 그때부터는 노랫말이 노랫말로 들리지 않고 문장이 문장으로 보이지 않는다. 그렇다고 그들의 대화가 온전히 대화로 다가오는 것도 아니다. 공기 속으로 흩어진 단어 몇 개와 억양과 뉘앙스로 느껴지는 대화의 결. 사선에 앉은 나는 다리를 떨며 이야기하는 그들을 곁눈질로 바라본다. 쩝, 저러면 복 나가는데…… 옛말을 떠올리며 한참 신경을 뺏긴다. 그러다 다리를 떠는 행위가 하지의 혈액 순환을 돕는다는 말을 떠올리기도 한다.

    나도 그를 따라 꼰 다리를 풀어 두 발을 지면에 대고 다리를 떨어본다. 그런데 그 모양새가 영 어색하기만 하다. 처음 자동차 운전석에 앉았을 때처럼 두 다리가 어색하고 여러 친척 앞에서 개다리춤을 춰야 했던 어린 시절처럼 엉성하다. 그런 나와 달리 저들의 떨림은 신명 나게 춤을 추는 것 같기도 하고 아주 슬픈 흐느낌 같기도 하다.

    문득 이런 생각이 스친다. 나는 미동을 감지하기 위해 카페에 앉아 있구나. 미묘한 떨림에도 시선이 쏠리는 사람이구나. 어쩌면 내가 써 온 글들이 이러한 시선으로부터 탄생한 게 아닐까, 하는 생각으로 이어진다. 작은 것에 반응하고 작은 것에 아파하는. 커피잔의 흔들림을 보고 지난 여행의 호숫가를 떠올리는. 피곤하게 삶을 대하지만 피곤하게 사는 사람만이 펜대를 쥐는 게 아닐까 하는 기분 좋은 상상도 곁들인다.

    마음에 와닿는 문장을 만나면 그 문장을 적어

낸 사람을 남몰래 흠모한다. 타인의 마음을 건드리는 문장을 적어낸 이들은 어떤 것들에 마음을 뺏기며 살아가고 있을까. 그들은 어떤 장면에 읽던 책을 덮고 어떤 풍경에 가던 발길을 멈출까. 우연히 목도한 장면과 부러 목격한 풍경이 여과되어 하나의 문장을 만들어낸다.

과실과 과실

 나는 사과다. 나와 함께 머무는 다른 과일들은 얼마 지나지 않아 부패한다. 돌아서는 발걸음. 갈변하는 마음. 나는 수확되지 말아야 했을, 애초에 피어나지 않아야 했던 과실이다.

 어학사전에 과실을 검색하면 두 가지 뜻이 나온다. 1. 과실(果實): 나무 따위를 가꾸어 얻는, 사람이 먹을 수 있는 열매. 2. 과실(過失): 부주의나 태만 따위에서 비롯된 잘못이나 허물.

 나는 먹을 수 없는 열매, 매사에 부주의한 과일. 누구에게도 선택받지 못하는 파과, 영글지 못한 채 저 혼자 떨어진 낙과. 사과 한쪽이 썩어 있다.

 칼로 썩은 부위를 잘라낸다. 아무런 죄책감을 느끼지 못한다. 속과 살이 문드러지고 있다. 희로애락을 함께한 시절의 인연을 통째로 덜어낸다. 아무런 아픔을 느끼지 못한다.

내 안의 우물

말을 삼킬수록 생각이 깊다는 말을 자주 들어왔다. 실은 해야 할 말이 떠오르지 않아, 떠오른 문장이 있다 하더라도 말로 내뱉는 순간 다른 단어로 탈바꿈할 것 같아 쉬이 입을 떼지 못한 것인데 말이다. 속이 깊다, 사려가 깊다, 주의가 깊다, 배려가 깊다, 우수가 깊다…… 한 사람의 내면이 깊다는 건 마음 속에 그 깊이만큼의 우물이 있다는 뜻이다. 내 안의 우물은 지혜의 샘이 되어주기도 하지만 언제든 우물을 품은 이를 자신의 쪽으로 힘껏 끌어당기기도 한다. 야채 장수의 큰 목소리를 듣고서 정신은 깊고 오묘한 것만이 아니라 '생의 명랑성'을 지닌 우렁찬 것이기도 하다는 사실을 깨달은 어느 철학자*처럼, 난 깊은 것만이 깊다고 생각하지 않기로 했다. 얕은 사람이 되려 깊은 사람일 수 있다. 깊지 않아 깊을 수 있다.

*김진영, 『아침의 피아노』, 한겨레출판사, 2018

엉킨 이어폰

　부정적인 마음이 들 때면 섣불리 내뱉기보단 먼저 침묵하고 생각하기로 한다. 결국 저 혼자 꼬여버린 일이 많아서 끙끙대며 묶인 줄을 풀어내다 보면 마음도 절로 풀려있다. 줄 이어폰이 주머니 속에서 엉켜버린 건 내 잘못도 이어폰 잘못도 아니다. 그건 그냥 주머니 속에 있었기 때문이다.

침묵의 이유

침묵이 길어진다. 침묵은 아무 말도 없는 잠잠한 상태를 말하지만, 말이 없어 되려 분위기가 무거워진다. 침묵에도 무게가 있는 걸까. 무성이 유성을 억누르고 없음이 있음을 만드는 모순적인 상황. 나는 그런 상황을 두려워하지만 두려움에 자주 지는 편이라 쉽사리 입을 열지 못한다.

지난 주말에는 모처럼 연달아 약속이 있었는데, 두 번의 만남에서 비슷한 물음을 받았다.
"택민씨, 오늘 왜 이렇게 말이 없으세요."
"야, 말 좀 해라, 말. 너 여기 관전하러 왔나?"
누군가의 걱정 섞인 물음과 친구가 던지는 익살스러운 타박에 나는 모두 답하지 못했다. 나조차도 침묵의 이유를 알 수 없어서였다. 전자의 물음엔 그러게요, 하며 멋쩍게 뒤통수를 긁적거렸고 후자의 물음엔 가만히 있는 사람한테 왜 그러세요,

하며 어벌쩡 웃어넘겼다.

당신은 아는가? 침묵의 이유를.

당신은 아는가? 지금 해야 할 말을.

그 이유를 안다면 알려달라.

잃어버린 말을 찾기 위해 새벽을 표류하기에는 이제 너무 지겹고 지쳐버렸다.

*

색연필통 속 하나의 색이 빠졌는데 그 색이 무언지 모를 때. 몇 번의 기회를 놓친 후 제발 한 번만 더 라는 말이 무색해질 때. 후회를 지우기 위해 또 다른 과오를 저질렀을 때. 미주알고주알의 반대말이 침묵이 아닌 혼잣말이라는 사실을 알게 됐을 때. 멈춘 차 안에서 머금고 있던 눈물을 터트렸을 때.

*

침묵도 대화의 한 방식이다. 컵에 물을 담지 않

아도 컵은 컵이고 방이 텅 비어 있어도 방은 방인 것처럼, 말하지 않는다고 말이 사라지는 건 아니다. 말하지 않는다고 말을 못 하는 것도 아니니 굳게 다문 입술에는 그만한 이유가 있다. 하지만 대체로 이유를 말하면 변명이 되고 변명을 입에 올리면 구차해진다. 어떤 날은 말 한마디 없이 하루를 보내기도 하는데, 그것은 내가 하루를 보내는 가장 구차한 방식 중의 하나이다.

*

남은 음식은 냉장고에 넣어두고, 버릴 음식은 냉동고에 넣어둔다. 차가운 어둠 속에서 남겨진 것은 남겨진 대로 버려질 것은 버려질 대로 저마다의 시간을 버텨내고 있다.

아홉 번째 길

 말은 할수록 진실과 멀어지고 마음은 품을수록 얕아지니 발길은 좀처럼 내디딜 힘이 없다. 그럴 때 난 자전거에 오른다. 뾰족한 안장에 무거운 엉덩이를 앉히고 두 발을 뻗는다. 아슬하게 닿은 페달에 몸을 맡긴다. 무릎을 폈다 굽혔다 하는 것만으로도 앞으로 나아간다는 사실 앞에 힘을 뺀다.

 시간이 굴러간다. 지금 나의 시간은 오르막 위의 바퀴. 더디게 굴러가는 세월. 힘겹게 마주한 언덕. 야트막한 등허리를 넘는 것이 이렇게나 어렵다. 멈추면 멈추어지는 것들, 밟으면 나아가는 것들 사이에서 오갈 데 없는 사람들. 긴 깡통 속에 옹기종기 모여 앉아 자신을 굴리러 가는 얼굴들.

 자전거 브레이크 손잡이엔 고무줄을 끼워두었다. 입안에 재갈을 물리듯 바퀴에 제동 장치를 걸어둔 것. 운길산역에 도착하면 잠시간 바퀴를 굴리고 한동안 방치될 자전거겠지만, 봄을 깨우기 위해 자전거를 타고 춘천으로 간다.

  이번이 꼭 아홉 번째 북한강 라이딩이다. 이처럼 나는 매번 같은 길 위를 맴돌고 있는지 모른다. 인파를 뚫고 경의중앙선에서 내린다. 헬멧을 쓰고 장갑을 낀다. 굴러가는 바퀴 앞에 시간을 양보한다. 이 시간은 바퀴의 것이니 나는 그만 멈추겠다.

수양버들

  수북이 쌓인 나무 무덤을 지날 때 건조하면서도 향긋한 내음이 났다. 겨울바람은 조용하고 스산했으며 방화수류정 아래 용연은 바람결을 따라 잔잔히 흔들리고 있다. 비스듬히 자란 수양버들은 깃털처럼 흐느적거렸지만 어쩐지 가벼워 보이지 않는다. 그 흔들림이 떨어져 나간 생을 위로하는 춤사위처럼 보이기도 했다. 아슬하게 꺾인 깡마른 가지는 언제든지 바닥으로 고꾸라질 것만 같다. 나는 이 위태로운 것을 위태로운 눈빛으로 한참 올려다보았다. 저 나뭇가지가 나를 향해 떨어지길 바란다는 듯이. 저들과 함께 무덤의 한자리를 차지하고 싶다는 듯이.

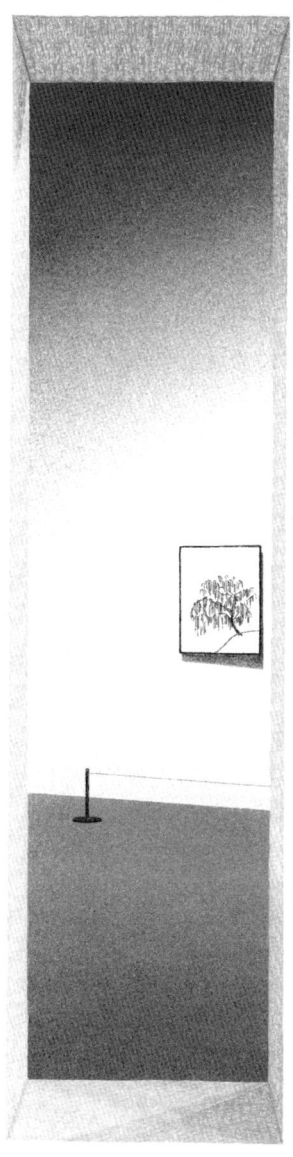

발톱

 발톱에 피멍이 들었다. 피가 고인 채로 며칠을 보내는 사이 발톱은 점점 변색되고 죽어갔다. 그러나 발가락과 연결된 신경은 아직 살아있었는지 발톱 끝을 조금만 잡아당겨도 발가락 안쪽이 아렸다. 그렇게 한동안 불편한 발톱으로 거리를 걷고 트랙을 뛰고 계단을 오르고 액셀을 밟았다.

 어느 날엔 발톱 아래에서 자라는 새 발톱에 이질감이 느껴졌다. 덜렁거리는 발톱을 뽑아야 하는 지경에 이르렀지만 한순간에 몇 년간 뿌리박혀 있던 발톱을 끄집어내기란 쉽지 않았다. 죽었으나 살아있는 것. 살아있지만 죽은 것과 진배없는 것. 그건 버리지 못한 과거의 기억뿐만이 아니었다.

 그럼에도 발톱 뿌리를 끄집어내야만 새 발톱이 온전히 제 자리에서 자라날 수 있을 터. 핀셋으로 발톱을 여러 번 잡아당겨 보는데 끈질긴 뿌리가 잘 뽑혀 나오지 않는다. 깊게 숙인 허리가 뻐근해지고 발가락을 쳐다보는 시선이 흐릿해질 때쯤 발톱과 연결된 살갗이 길게 뜯겨 나왔다. 뿌리를 뽑아낸 자리에 피가 고였지만 곧 멈출 출혈이라 여겼다.

그러고 보면 몸이 가장 먼저 상처 난 곳을 감지한다. 지난주 풋살을 하다가 상대방에게 발을 밟혔을 때 몸은 즉시 알았을 것이다. 지금의 발톱을 버리고 새로운 발톱을 만들어내야 한다는 것을. 상처를 입으면 마음보다 몸이 앞서 반응한다. 순식간에 표정이 굳고, 갑자기 눈물이 핑 돌고, 머릿속이 백지처럼 하얘지고, 돌연 발길이 멈춰 서는 것도 마찬가지.

당분간은 발가락이 퉁퉁 부은 채로 지내겠지만 나도 모르는 사이 양말과 신발 속에서 은밀하게 새 발톱이 자라날 것이다. 그리고 머지않아 피가 멈추고 그 위로 새살이 돋아날 것이다. 살아가는 동안 단단했던 것이 깨지고, 말랑했던 것이 단단해지는 횟수가 늘어가고 있다.

깨져야 의의 있는 것들

크림브륄레
봄날의 호수
발톱
선물 받은 머그잔
에고
선입견
한줌의 사유

영원한 건 없고
영원을 염원하는 사람만이
(영원히) 존재한다

2부

―

빛이 머문 자리

걱정을 끊어내는 사람들

지하 주차장에 차를 대고 미용실로 올라가는 엘리베이터 안에서 괜히 파마를 하러 가나 생각한다. 앞머리 펌을 한 지 3주밖에 지나지 않았는데, 또 한 번의 거금을 써야 한다는 사실이 마음에 걸린다. 게다가 오전에 요가를 마치고 집으로 돌아와 샤워를 했을 때 거울에 비친 모습이 나쁘지 않아 보였다. 늘 이렇게 착각하고 주저한다.

미용실 문을 열고 들어가자 저 멀리서 다가오는 원장님의 얼굴이 보인다. 그는 미용 가운을 건네고 나는 겉옷을 벗어 건넨다. 미용실에서는 일종의 물물교환이 성립된다. 코트를 받아 든 그가 옷이 왜 이렇게 무겁냐고 묻는다. 육중한 마음을 들킨 것 같아 멋쩍게 웃어 보인다.

"이번에 만든 책이에요." 미리 꺼내둔 책을 원장님에게 선물한다. 일전에 내 책을 사서 읽어보았다는 말이 떠올라 준비한 작은 성의다. 나는 당당히 읽어보라 권하는 제 모습에 놀란다. 굳이 머리를 해야 하나 하는 망설임과 책을 건넬 수 있다는 뿌듯함을 동시에 느끼며 의자에 앉는다. 원장님은 잘 읽어보겠다며 책에 대해 이것저것 여쭤본다. 나와 같은 나이의 창작자들을 섭외해 만든 책이라고, 소설가와 극작가의 에세이도 실려 있다고 설명한다. '섭외'라는 단어와 '소설가'나 '극작가'라는 단어에 부러 힘을 준 게 느껴졌을까? 생글생글 웃는 얼굴에선 어떠한 마음도 읽을 수 없다.

원장님은 대화를 나누는 와중에도 능수능란하게 머리를 자른다. 채 한 달도 되지 않은 시간에 뒷머리가 길게 내려온 게 보인다. 목덜미를 스치는 가위에 짧아진 뒷머리가 곤두선다. 머리 정리를 마치고 다른 디자이너 선생님이 나를 샴푸실로 안내한다. 더운물로 머리를 감고 다시 자리로 돌아온다. 원장님은 드라이기로 물기를 털어내고 하얗고 꾸덕꾸덕한 약을 머리칼에 고루 바른다. 손가락으로 가늘게 골라낸 머리카락에 파마지를 덧댄다. 머리를 감겨주었던 선생님은 롤과 고무줄을 잡기 편하게끔 하나씩 떼어내 원장님에게 건네주고 있다.

두껍고 파란 롤, 얇고 노란 롤, 중간 크기의 빨간 롤. 색색의 헤어롤이 머리를 수놓는다. 네 개의 손이 머리 위를 오가는 사이 잠이 쏟아진다. 어째 나는 미용실만 오면 존다. 이들은 나의 머리를 볶아주는 게 아니라 나를 재워주는 사람들 같다. 눈을 감았다 뜰 때마다 한 롤 한 롤 채워지는 모습을 거울로 마주한다. 결국은 나도 모르게 그만 고개를 크게 젖히고 만다. 두 사람은 바삐 움직이던 손을 멈추고 웃음을 터트린다.

롤 질을 마치고 자리를 옮겨 앉는다. 무얼 마시겠냐는 물음에 냉커피를 부탁한다. 주전부리와 함께 커피가 나왔지만 음료만 홀짝댄다. 아메리카노 맛이 제법 쓰다. 나는 빙글빙글 돌아가는 열처리기 아래에서 김혜진의 『딸에 대하여』를 펼친다. 독서하는 동안에는 뒤에서 누가 무얼 하든 신경 쓰이지 않는다. 문장에 집중하고 이야기에 몰두한다. 평소 핸드폰을 만지작거리며 기계 종료음이 울리기만을 기다리던 것과는 다르다. 급하지 않고 급할 이유도 없다. 문장의 호흡이 길어질 때면 되려 알람이 늦게 울렸으면 하고 생각한다.

그리고 그런 마음에 대해 생각한다. 핸드폰 속 텍스트와 종이 위의 활자들을. 인스타그램 속 누군가의 일상과 소설 속 주인공이 겪는 일화 사이의 간극을 떠올린다. 타인의 시선에서 벗어날 수 있었던 이유는 무엇이었을까. 책을 읽고 있다는 허영심으로부터 기인한 마음일 수도, 소셜 미디어 속 자극적인 글과 이미지에 현혹되는 모습을 들키고 싶지 않은 마음일 수도 있다. 결국 마음가짐의 차이였을까.

여러 생각들이 스치는 동안에도 이야기는 진행된다. 딸의 마음을 조금씩 헤아리기 시작한 엄마의 입장이 나열된다. 그와 동행하는 마음으로 문장을 읽어 내려가다 무시로 눈시울이 붉어진다. 열처리가 조금 전에 끝났으니 곧 원장님이 오실 테다. 읽던 책을 덮고 울컥한 마음을 가라앉힌다. 껌뻑껌뻑 붉어진 눈을 여러 번 감았다 뜬다.

예상대로 얼마 지나지 않아 머리 중화를 위해 원장님이 등 뒤로 다가온다. 그의 안내를 따라 몸을 일으켜 한 번 더 샴푸실로 향한다. 나는 익숙한 듯 의자에 누워 고개를 젖힌다. 원장님은 얇은 종이를 눈 위에 덮어주고는 문진을 올리듯 검지 끝으로 미간 위에 물 한 방울을 콕 찍는다. 아까보다 좀 더 차가운 물로 머리를 헹군다. 원장님은 직접 머리를 감겨주며 두피를 마사지한다. 꾹꾹 누르는 지압에 머릿속에 남아있던 미량의 졸음기가 달아난다.

 자리로 돌아와 머리의 물기를 털어낸다. 미용실 드라이기는 늘 풍력이 강하다. 뽀글뽀글하던 머리가 금방 모양을 잡는다. 내게 다가오는 문장을 살피는 사이 단정하게 정리된 머리를 본다. 미용실을 찾으며 품었던 사소한 걱정들도 함께 잘려 나간 걸까, 거울에 비친 얼굴에선 옅은 미소가 보인다. 아무래도 이곳 사람들은 머리를 자르는 게 아니라 걱정을 끊어내는 사람들 같다.

빛이 머문 자리

한때 필름 카메라를 즐겼다. 어린 시절 가족사진을 담당했던 삼성 케녹스 카메라를 가지고 전역 후 국내 곳곳을 여행했다. 중고 매장에서 구매한 니콘 카메라로는 겨울의 안나푸르나와 여름의 동유럽을 거닐며 여러 얼굴을 담아냈다. 하지만 7년여의 취미는 코로나바이러스 창궐과 함께 시들어갔고, 여행은 엄두도 내지 못하는 시기가 길어졌다. 필름 값은 천정부지로 치솟아 안 그래도 비싼 취미였던 필름 카메라는 내겐 더 이상의 메리트가 없어졌다. 설상가상 두 카메라도 연달아 고장 나 흥미는 더욱 떨어질 수밖에 없었다.

여행과 카메라와는 먼 생활을 보내고 있던 연초의 어느 날, 엄마는 내게 손바닥만 한 크기의 묵직한 무언가를 건넸다. 검은색 줄이 달린 진회색 케이스 안에는 보존이 아주 잘 된 필름 카메라가 들어 있었다. 할아버지의 유품이었다.

많은 가족 중에서 왜 나에게 할아버지의 카메라가 전해졌는지 궁금했지만 구태여 이유를 묻지 않았다. 어리둥절 카메라를 건네받고 가장 먼저 확인한 건 필름의 유무였다. 아니나 다를까 카메라 안에는 필름이 들어 있었고, 이미 스물여덟 방이나 찍혀있는 상태였다. 지난해까지 할아버지가 사용하셨던 카메라였을까. 멈춰버린 숫자가 자꾸 눈에 밟혔다.

할아버지의 카메라 모델명은 올림푸스 뮤3로 90세가 넘은 어르신이 사용하기에도 부담 없을 만큼 작동법이 간단한 일명 똑딱이 카메라였다. 미닫이문처럼 덮개를 열면 전원이 켜지고 자동으로 렌즈가 나왔다. 사용자는 뷰파인더를 보고 셔터를 누르면 그만이었다. 촬영 버튼 위로는 글씨가 바래진 이름표가 붙어있었는데, 아마도 할아버지가 손쉽게 촬영할 수 있도록 가족 중 누군가가 미리 표기해 둔 것이지 싶다.

그런 카메라가 나에게 왔고, 나는 나머지 여덟 번의 셔터를 눌러 할아버지의 마지막 시선을 완성해야겠다는 생각이 들었다. 그건 카메라를 전해 받은 손주의 몫이었다.

얼마 지나지 않아 제주에 갈 일이 생겼고, 봄날의 제주를 담아내기 위해 여분의 필름을 사용했다. 그렇지만 수원으로 돌아와 곧장 현상소를 찾지 못했다. 그의 마지막 시선을 마주할 자신이 없었기 때문이다. 그때까지도 나는 어른의 빈자리를 받아들이지 못하고 있었던 것 같다.

그렇게 시간을 유예하듯 보내며 청주와 공주로 셀프 유배를 다녀왔고, 여름에는 결혼을 앞둔 친구와 나고야 여행을 다녀왔다. 그곳에서의 추억을 새 필름에 담아내었고, 초가을이 되어서야 비로소 온전히 나의 시선으로 채운 필름과 할아버지와 나의 시선이 함께 담긴 필름을 들고 팔달문 로터리의 단골 현상소를 찾았다. 나는 문을 열며 "사장님, 오랜만이에요!" 인사를 건네고는 여느 때처럼 약국에서 사 온 박카스 두 병을 내밀었다. 그중 한 병은 나의 것이었다.

사장님은 내가 카메라에서 주섬주섬 필름을 빼내는 모습을 보고는 사진기가 바뀌었다는 걸 단번에 알아챘다. 나는 할아버지가 쓰시던 걸 물려받았다며, 할아버지가 찍은 사진도 있으니 잘 부탁드린 다고 덧붙였다. 그러자 머리가 희끗한 사장님은 손주 자랑을 늘어놓는다. 그 녀석이 얼마나 착한지, 시간이 될 때마다 이곳엘 들려 할아버지 일을 도와 준다고 했다. 그의 말을 들으며 고개를 끄덕였지만 속으로는 필름 안에 어떤 사진들이 담겨 있을까 떠올렸다. 얼마 뒤 스캔을 마친 사장님이 인화할 사진이 있는지 물었고, 나는 사진을 한 번 살펴보겠다며 모니터가 있는 그의 옆자리로 가 앉았다.

비로소 마주한 할아버지의 마지막 시선은 무척이나 일상적인 장면들이었다. 첫 번째 사진은 탁자 위에 펼쳐진 책으로 대가족을 이어온 40년의 세월, 이란 제목이 보였다. 오랜 기간 시부모를 모신 이를 인터뷰한 글이 실린 지역 책자였다. 사진 속 이미지를 보아하니 큰엄마의 증명사진 같았다. 할아버지는 효행상을 받은 며느리가 기특했는지, 지난 수십 년의 세월을 함께 해온 그가 고마웠는지 인터뷰가 담긴 페이지와 사회복지재단에서 받은 표창장을 찍는 데 필름 여섯 방을 할애하셨다.

이어지는 필름에는 장남(나에게는 큰아빠인)의 칠순 잔치 사진이 담겨 있었다. 예전의 고희연과 달리 집에서 간소하게 치러진 잔치였음에도 생일상을 에워싼 증손주(나에게는 조카인)들로 인해 사진만 보더라도 시끌벅적해 보였다. 할아버지는 첫째 아들의 칠순 잔치에서 세 번의 셔터를 누르셨다.

  이어지는 사진의 대부분은 집 앞 정원의 꽃과 풀이었고, 대체로 초점이 불분명했다. 마당을 산책하며 마주한 노랗고 빨갛고 하얀 꽃들이었을 것이다. 꽃 위에 앉아 있는 나비를 찍었지만 셔터를 누르던 찰나 나비는 날아가 버렸는지도 모른다. 한 사진 속에서 마당에 세워진 빨래 건조대가 얼핏 보이는 게 볕이 화창했던 날임을 짐작게 했다.

  사진을 넘기는 손이 멈칫한 건 시골집 방 한 켠에 모셔 두었던 할머니의 영정사진 때문이었다. 할아버지가 찍은 사진 속에는 한복 차림의 할머니 얼굴 아래로 배와 사과 그리고 북어포가 놓여 있었다. 상 오른편으로는 할머니가 생전 짚고 다니시던 지팡이가 세워져 있었다. 아무도 없는 방에 들어가

아내와 담소를 나누곤 보기 좋게 가로로 한 번, 세로로 한 번 촬영했을 할아버지의 모습을 상상했다.

할아버지가 남긴 마지막 사진은 거실의 꺼진 티브이 화면을 바라보며 찍은 사진이었다.

사진은 사방으로 퍼진 빛으로 인해 피사체를 제대로 알아볼 수 없었다.

사진을 보며 당시를 떠올려 보자면,

모두가 외출한 오후, 할아버지는 혼자서 소파에 앉아 있었을 것이다.

어두운 실내에서 셔터를 눌렀을 땐 자동으로 플래시가 켜졌을 것이고,

강한 섬광으로 주위는 돌연 환해졌을 것이며,

검은 화면 위로 비쳤던 사람의 형태는 가로로 길게 퍼진 빛에 의해 하얗게 지워졌을 것이다.

그리고 그 사진을 직접 확인할 수 없다는 것을,

카메라에 담긴 사진을 보고 누군가 자신을 떠올리란 것을,

그 사람이 다른 누구도 아닌 나였으리란 것을,

그땐 미처 알 수 없었을 것이다.

그 사진 뒤에는 푸르른 애월 풍경과 아파트 단지 앞에서 찍은 조카 얼굴이 있었다. 나는 한참 동안 사진을 바라봐 놓고서는 조카 사진 두 장만을 인화하겠다고 했다. 사진 찍는 사람들이 으레 그러하듯 사진기를 든 사람의 모습은 어디서도 찾을 수 없었다. 하지만 나는 떠올릴 수 있었다. 카메라를 든 순간의 할아버지가 담고자 했던 모습을. 나는 볼 수 있었다. 할아버지가 끝까지 보고 싶어 했던 장면을.

이렇게 현상소에 앉아 할아버지의 마지막 시선을 마주하고 있자니 내게 카메라가 전해온 것이 단순한 우연이 아닐 수도 있겠다는 생각이 든다. 언젠가 할아버지는 자신의 카메라는 택민에게 전해주라는 당부의 말을 남기셨을지도 모른다. 장례를 마치고 어른들끼리 유품을 정리하며 이건 우리 아들에게 가져다주겠다며 엄마가 챙겨온 것인지도 모른다. 전후 사정이 어찌 되었든 할아버지의 카메라가 한 세대를 건너 나에게로 왔다. 그러니까 앞으로 이 카메라를 가지고 눈앞의 세상을 바라보고, 대상을 소중히 담아내야 하는 건 나의 몫이다.

그날 이후로 행사에 참여하거나 여행을 떠날 때면 필름 카메라를 늘 챙겨 다닌다. 풍경도 풍경이지만 사람들의 얼굴을 많이 담아내려 한다. 그렇게 차곡차곡 담아낸 풍경과 얼굴들이 훗날 나의 마지막을 유추해 볼 수 있는 중요한 단서가 될 테니까. 나에게 있어 장면을 마주하고 셔터를 누르는 마음은 감정을 직시하고 연필을 쥐는 마음과 크게 다르지 않다. 그런 의미에서 당신은 지금, 한 사람의 마지막을 보고 있는 중이다. 종이 위에 머무는 그 따뜻한 시선에 고맙다 말하고 싶다.

우리는 누군가가 남기고 간 빛을 보는 사람이다. 우리는 자신의 빛이 머문 자리를 보지 못하는 사람이다.

먼지가 쌓이면

 데스크톱 모니터가 켜지지 않는다. 분명 어제까지 멀쩡했던 화면이다. 본체에 불이 들어오는 데 모니터만 먹통이라니. 네이버에 검색하고 지식인에게 물어보고 삼성 홈페이지를 뒤져봐도 호쾌한 대답을 얻을 수 없다. 그럼에도 그들이 공통으로 하는 말은 코드가 제대로 꽂혀 있는지 확인하세요, 본체 내부를 청소해 보세요 따위의 말. 그래픽카드니 램이니 하는 것들을 꺼내 지우개로 닦아보고 본체 내부의 먼지를 털어 보라는 것이었다.

 뭐라도 해봐야 했으니 멀티탭 전원을 끄고 공구함에서 십자드라이버를 꺼내 와 본체를 열었다. 혹시나 감전될까 잔여 전류를 흘려보낸 뒤, 면봉으로 쿨링팬에 가득 쌓인 먼지를 걷어내고 부품의 겉면을 지우개로 살살 닦아냈다. 먼지를 털어내는 건지, 코로 마시는 건지. 본체 안은 보이지 않던 먼지로 가득했다. 어느 정도 본체를 청소하고 전원 버튼을 누르자 이전과는 다르게 경쾌한 소리가 난다. 화면이 켜지고 모니터에 삼성 로고가 뜬다. 과연 먼지를 털어내야 했던 걸까.

  혹 지금 내가 눈앞의 것을 제대로 보지 못하고 불투명한 미래에 대하여 막연한 불안함을 느끼는 것도 내면에 먼지가 쌓여있어 그런 건 아닐까. 명확한 해답이 보이지 않을 때 가슴팍의 나사 몇 개 돌려 먼지 쌓인 심장을 털어낼 수 있다면 얼마나 좋을까. 새하얀 면봉과 새하얀 지우개로 고여있는 검은 피를 닦아낼 수 있다면… 이내 본체 뚜껑을 닫는다. 기분이 허하다. 이게 다 먼지 때문이다.

습관처럼

 어느 코미디언의 실패한 유행어를 아무렇지 않게 나눌 수 있는 사이가 있다. 누구도 사용하지 않을 법한, 훗날 회자조차 되지 못할 말투를 남발할 때면 그 불우한 유행어가 마치 우리만의 은어처럼 느껴진다.

 손에 쥔 테니스공 같은 관계가 있다. 결국엔 떨어트릴 줄 알면서 공을 위로 던지고 받기를 반복한다. 몇 번의 안착 끝엔 언제나 바닥 위를 데구루루 굴러가는 둥근 뒷모습만이 아득하다.

 왜 있잖아, 안경을 쓰지 않았는데 무의식적으로 손이 얼굴로 향할 때. 계단이 있었다고 여겼던 곳이 더는 올라갈 곳도 내려갈 곳도 없는 맨바닥일 때. 왜 있잖아, 레몬 생각만 해도 혀끝에서 침이 막 쏟아져 나올 때. 비슷한 뒷모습만 보아도 눈물이

왈칵 쏟아질 것만 같을 때.

 습관처럼 발을 내디딘 쪽으로 몸이 기울 때 나는 속절없이 무너지고 만다. 그런 날엔 늘 손이 닿지 않는 등의 한 가운데가 가려웠고, 손끝이 닫지 못하는 건 등만이 아니어서 곧잘 쓸쓸해졌다.

고민의 무게

『고민 한 두름』이 가득 든 택배 상자를 가지고 우체국에 갔다. 트렁크에서 묵직한 박스를 꺼내며 문을 닫다가 온몸을 휘청인다. 고민의 무게가 이렇게 무거웠었나. 200페이지에 달하는 고민을 덜어 냈음에도 삶 속에 여전한 고민의 총량이 놀랍기도 놀라운데, 누군가가 나의 지난 고민에 위로를 받는단 사실은 더욱이 믿기지 않는 일이다. 정말이지 작은 고민일지라도 수년간 차곡히 쌓아 올린다면 오래 끓여낸 곰탕처럼 뭉근한 맛을 낼 수도 있던 걸까. 바다 너머 책방으로 어린 날의 고민을 부치며 팔팔 끓는 마음의 온도를 다시금 약불로 낮춰본다.

느리게 달리기

 첫발을 떼는 순간, 느리게 달리기로 다짐한다. 그동안 급히 발을 굴리다 얼마 가지 못해 멈춘 적이 많았으므로. 나이키 스우시 로고처럼 사선으로 휘어지는 구간을 반복해서 달린다. 입추와 처서 사이, 여름의 끄트머리는 그리 덥지는 않았으나 그렇다고 덥지 않다고 말할 수 있을 정도도 아니었다. 지난주까지만 하더라도 땀이 장대비 수준으로 흘렀다면 오늘은 가랑비 정도랄까. 숨을 허덕이며 달리진 않아도 옷이 흥건히 젖는 건 매한가지였다.

 지난 7월에는 장마와 무더위로 스스로를 정당화하며 많은 시간 달리지 않았다. 달리기엔 요령이 통하지 않아 집 밖을 나서지 않고, 길 위를 달리지 않으면 정말이지 달리지 않은 것이었다. 그 시기엔 쓰는 일에도 소홀했는데, 여름의 나는 달리는 사람도 쓰는 사람도 아니었다. 상반기에 400km를 달렸지만 지금 당장 달리지 않으니 나는 멈춘 사람일

뿐이었다.

달리는 사람도 쓰는 사람도 아닌 내게 문득 이런 질문을 던지게 된다. '나는 사는 사람인가?' 숨을 쉬고 있으니 사는 사람이라고 말해도 되는 걸까. 걷고 말하고 밥을 먹고 그보다 자주 술을 마시고 도구를 사용하고 이따금 책도 읽으니 산다고 할 수 있느냐 물음이었다. 마침표가 없는 문장을 적어내는 시인이 자기부상열차와 같다면 대부분의 문장에 온점을 찍는 나는 매 순간 브레이크를 밟으며 죽음과 끝을 향해 나아가는 사람일까.

숨을 쉬면 사는 사람이 된다. 달리면 달리는 사람이 되고, 쓰면 쓰는 사람이 된다. 하지만 그렇다고 하여 대번에 인간이 되거나 러너가 되거나 시인이 되진 않을 테다. 잘해야 가능한 일인가 하면, 그건 또 아닌 것 같다. 그렇다면 선행 조건이 '잘'이 아니라 '꾸준히'라면 어떨까? 꾸준히 살아가고, 꾸준히 달리고, 꾸준히 쓰는 사람이라면?

여러 의구심에 휩싸인 저녁, 나는 느리게 달렸다. 이어폰에서 흘러나오는 팟캐스트를 들으며 천천히, 아주 천천히 달렸다. 느리게 달리니 덜 힘들었고, 덜 힘들어 더 오래 달릴 수 있었다. 느리게 달리다 보니 자연스레 진행자의 목소리에 집중할 수 있었다. 사람은 바쁠 때 악해진다고 했었나. 오늘 나는 느리게 달리면서 나의 악한 면을 흘린 땀만큼 덜어냈다. 나는 잘하고 싶은 사람이면서 꾸준하고 싶은 사람이다. 둘 중의 하나를 골라야 한다면 나는 느리게 가는 편을 택하겠다.

여름 손수건

늘 가방을 가지고 외출한다. 카페에서 작업할 땐 크로스백을, 짐이 많은 경우엔 백팩을, 가볍게 외출할 때는 숄더백을 활용하는 것인데, 어떤 가방을 메고 나가든 간에 가방 속에 꼭 챙기는 아이템이 있다.

신용카드와 신분증, 비상용 현금을 넣은 카드지갑과 이어폰은 외출의 기본값이며, 책 한 권(대체로 스토리 위주의 소설을 선호하지만 행선지에 따라 얇은 시집이나 에세이를 챙기기도 한다)과 펜슬 캡을 씌운(가방 내부가 흑연으로 더러워지면 안 되므로) 연필 한 자루도 빼놓지 않는다. 요즘처럼 공기가 습해지는 날, 빼놓지 않는 것이 있으니 바로 손수건이다. 꼭 여름이 아니더라도 반드시 가지고 다니는 생활필수품이다.

외출 전 작은 서랍 안에 가지런히 포개져 있는 손수건 중 오늘의 착장과 가장 잘 어울릴법한 손수건을 고른다. 손수건을 갖고 다니는 이유는 땀이 많은 체질 탓도 있지만 무엇보다 입 주변을 수시로 닦는 버릇 때문이다. 특히 술자리에서 한 잔을 들이켤 때마다 입가를 닦기도 하니 테이블 위에 휴지가 산처럼 쌓이는 걸 방지하기 위해서라도 가방 혹은 바지 뒷주머니에 손수건을 넣고 다닌다. 혹 누군가 손수건을 들고 다니는 이유에 관해 묻는다면 지구를 위해서요, 라며 넉살을 떨지도 모른다.

    손수건마다 내게 온 경로를 기억한다. 나의 손수건 중 가장 부드러운, 어쩌면 가장 오래되고 세탁을 많이 해서 부드러워진 아이보리색 펜디 손수건은 몇 년 전 북페어 행사가 열리던 코엑스 몰에서 친구가 선물로 사다 준 것이다. 진보라색 만다라 손수건은 광교산 등산로 입구에 있는 매점에서 구매한 손수건인데, 질감이 빳빳해 이마에 맺힌 땀을 닦거나 무더운 여름날 냉수를 적셔 목덜미에 두르기에 적합하다. 네 명의 자전거 타는 사람들이 그려진 연두색 자전거 탐험대 손수건은 대구의 한 책방에서 만든 굿즈이고, 살짝 작은 크기에 독특한

패턴이 인상적인 회색 손수건은 타이베이 시립 미술관에서 기념품으로 사 온 것이다. 내가 손수건을 즐겨 사용하는 걸 눈여겨 본 매형은 지난 생일 하늘색 폴로 손수건을 선물해 주기도 했다.

대개 손수건들이 그러하듯 내 손수건에도 화려한 꽃무늬가 많다. 펜디 손수건에는 노랗고 파란 꽃이 수놓아져 있고, 폴로 손수건에는 분홍색 꽃이 사계절 내내 만개해 있다. 자전거 탐험대 손수건에는 강변에 흐드러지게 핀 들꽃이 보이고, 만다라 손수건은 그 모습 자체로 커다란 보랏빛 꽃의 형상을 띠고 있다. 종종 손수건을 코로 가져와 향을 맡기도 하는데, 손수건에 그려진 꽃 그림은 꽃향기가 나는 듯한 착각에 들게 한다(물론 섬유유연제 향이다).

손수건을 지니고 다니면 여러 장점이 있다. 이마에서 땀이 흐르면 언제든 닦을 수 있고, 기침이 날 때면 손수건으로 입을 가릴 수 있다. 카페에서 커피를 마실 때 유리잔에 맺힌 물을 손수건에 묻혀 입 주변을 닦곤 하는데, 그 시원한 느낌이 좋기도 하고 휴지를 덜 쓰게 된다는 괜한 자부심과 자기만

족에 사로잡히게 된다.

이런 나를 보고 "요즘에도 손수건 쓰는 사람이 있네요?" 하며 신기해하는 모습을 보면 들뜬 마음으로 댁도 손수건 하나 장만해 보라며, 디자인이 워낙 무궁무진해 패션 아이템으로도 좋을뿐더러 무엇보다 편리하고 유용하다며 장광설을 늘어놓는다.

*

나에게는 여름날 손수건처럼 언제나 지니고 다니는 마음이 있다. 그것을 고이 접어 가슴팍 포켓 안에 넣어두고 필요할 때마다 꺼내어 사용하는데, 삶에 품었던 의구심을 닦아주는 소설 속 한 문장도 내겐 손수건과 같다. 하루의 고단함과 새벽의 허전함을 달래주는 이상은과 선우정아의 목소리도 내겐 손수건과 다름없다. 오늘도 나는 외출 전 서랍장을 들여다보며 어떤 손수건을 챙겨 나갈까 고민한다. 옷과 어울리는 색상을 고르기도 하고 용도에 따라 면의 거침 정도를 따져보기도 한다. 오늘은 어떤 책을 가지고 나갈까와 비슷한 마음일 것이다.

 주위를 둘러보면 사람들은 각기 다른 가방을 각기 다른 방식으로 들거나 메거나 걸치고 있다. 가끔은 사람들의 가방 안에는 어떤 물건이 들어있을지 떠올린다. 작고 가벼워 보이는 핸드백 속엔 무엇이, 커다랗고 묵직한 백팩 속엔 무엇이 들어있을까 상상의 날개를 펼쳐 보는 거다. 저 가방엔 어젯밤 챙겨둔 중요한 서류가 있을 것 같고, 이 가방엔 오늘 아침 일기 예보에 급하게 집어넣은 접이식 우산이 들었을 것 같다. 점심으로 먹을 도시락이, 출근길 카페에 들러 음료를 담아낼 텀블러가 있을지도 모르고. 책 한 권이 들어있다면 그 책이 소설일지, 시집일지, 어쩌면 나의 책은 아닐는지 하는 호기로운 상상도 해본다.

 각자 품고 살아가는 마음과 생각이 다르듯 저마다 가방 속에 든 물건들도 다를 테다. 여러 물건 중 자기만의 개성을 보여주는 아이템이 하나쯤 있지 않을까. 그것이 여러 해 동안 사용해 옷깃만 스쳐도 당신을 떠올리게 하는 향수일 수도, 직접 한 땀 한땀 바느질한 연두색 털실 파우치일 수도, 본인의 이름이 각인된 만년필일 수도 있겠다.

나를 나타내는 하나의 수식어처럼 당신이 가방 속에 항상 지니고 다니는 물건은 무엇일지, 나의 여름 손수건처럼 늘 품고 다니는 마음은 무엇일지 궁금하다. 가방 안을 들여다보는 일이 마음속을 살피는 일과 다르지 않음을 기억한다.

당신은 고이 접어 둔 마음이 있는가?
어떤 기억을 가슴 속에 품고 다니는가?

쉬어 가는 의자

노후 승강기 교체 지원 사업으로 몇 주 전부터 아파트 단지가 엘리베이터 공사로 분주하다. 세대별로 교체가 진행 중인데, 집 앞 주차장 다섯 칸 분량에 자재가 쌓여있는 걸 보니 우리 동 차례가 다가왔나 보다. 아침에 집을 나서며 확인한 1층 안내 게시판에서는 금일부터 3주간의 공사 기간이 소요될 것이라고 한다.

외출을 마치고 돌아온 이른 저녁, 엘리베이터 표시등에서는 [점검 중] 표기가 붉게 빛나고 있고, 중앙 현관에는 한나절 사이 가득 쌓여 있는 택배 상자들이 보인다. 일상의 편리함은 여기서 멈춘 듯했다. 나는 그 속에서 이틀 전 주문한 무선 키보드를 찾으며 호수를 체크했다. 404호는 무얼 주문했을까. 1203호는 무얼 필요로 했을까.

택배 더미에서 찾은 기다란 박스를 안고 계단

을 오른다. 엘리베이터를 타지 않고 종종 걸어 다니던 터라 계단 길이 어렵지 않다. 금방 3층으로 올라가는데, 2층과 3층 계단참에 놓인 빨간색 플라스틱 의자가 보인다. 의자 등받이에는 승강기 업체명이 적혀 있고 의자 위 벽면에는 '쉬어 가는 의자'라고 적힌 A4용지가 붙어 있다. 그때 든 생각. 아, 누군가는 여기에 앉아 쉬어갈 수 있겠구나.

단독 주택, 빌라, 아파트를 지나오는 동안 평생 저층에서 살아온 나로서는 한 번도 고려하지 못한 부분이었다. 고층에 살았다면 아니, 층수가 5층만 되었어도 절대 가볍게 오르내릴 수 없는 높이였을 것이다. 게다가 무거운 짐을 옮겨야 한다거나 신체 중 일부가 조금이라도 불편한 상황이었다면? 계단 하나하나가 태산과도 같은 어린이였다면?

나는 나를 둘러싼 주변 환경과 건강한 신체를 버튼 하나만 누르면 몸을 이쪽에서 저쪽으로 옮겨 주는 엘리베이터처럼, 클릭 한 번이면 저쪽에서 이쪽으로 물건을 배송해 주는 택배처럼 당연시해 왔다. 그동안 계단을 이용하는 것에 불편함을 느낀

적이 없었기 때문에, 단 한 번의 의구심을 품은 적이 없던 것이다. 어쩌면 저층의 계단도 무릎이 아픈 누군가에게는 큰 부담이 되었을지도 모르는 일이었다. 예민한 척은 혼자 다 하면서도 정작 예민해야 할 영역에서는 한평생 둔감하게 살아왔구나. 스스로의 무지를 깨닫던 중 불현듯 몇 층마다 의자가 놓여 있을까 궁금해졌다. 옥상층까지 걸어 올라가며 의자 개수를 헤아려보기로 했다.

나는 한참 계단을 오르다 10층 계단참에 놓인 의자에 앉았다. 숨을 고르며 계단참은 참, 이름도 계단참이네, 하는 시답잖은 말장난을 중얼거렸다. 누군가의 장광설에 "아, 참!" 하며 자연스레 다른 주제로 이끌어가는 센스있는 사람처럼, 뙤약볕 아래 과수원 일을 하고 있을 때 막걸리를 곁들인 새참을 들고 오는 이처럼 쉬어 가는 의자는 무척 반가운 존재였다. 그렇게 꼭대기 층까지 올라가 본 결과, 18층짜리 아파트 계단에는 총 7개의 쉼터가 마련되어 있었다.

16층, 14층, 12층, 10층, 8층, 5층, 2층.

다시 집으로 걸어 내려오며 의자 개수를 거듭 확인했다. 그럼에도 이 한 번의 오르내림으로 고층 주민들의 고충을, 그들이 앞으로 겪을 한 달여의 무릎 노동을 온전히 이해할 수 없을 것임을 안다. 그것과 별개로 계단을 오르내리며 층과 층 사이에 의자를 놓아둔 엘리베이터 업체 측에 고마운 마음이 들었다. 비록 의자를 비치하는 게 회사의 지침이었을지라도 한 층 한 층 의자를 가져다 놓고 A4 용지를 붙인 건 사람이 한 일이었을 테니까.

3주 뒤쯤 '쉬어 가는 의자'는 홀연 모습을 감췄다. 그새 습관이 되어 엘리베이터 교체 공사가 끝났는지도 모르고 계단을 타고 지상으로 내려가던 중이었다. 참, 부지런하기도 하지. 하룻밤 사이에 언제 의자를 수거해갔을까. 나는 다리 사이사이가 포개어진 의자와 또 다른 아파트 계단과 계단 사이에 적절히 소분될 의자를 상상했다.

이 글을 읽는 당신은 어떤 마음으로 책장을 넘기고 있을까. 당신에게 이 한 편의 글이 다음 장으로 넘어가기 전 숨을 고르고 가는 의자가 되었으면 한다. 작은 바람이 있다면, 책(꼭 이 책이 아니더라도)을 읽고 있는 시간이 생의 고독을 달래주는 달콤한 참과 같았으면 한다.

나의 서빙일지

0.

내일부터 출근할 형이야. 인사해. 사장님이 알바생을 소개해 준다. 꾸벅 인사하는 그에게 나도 꾸벅 인사를 건넨다. 사장님은 그가 자신의 아들이라고 부연 설명한다.

1.

알바 첫날, 땀을 흘리며 정각에 도착한 사장님 아들은 가쁜 숨을 거두지도 않은 채 나에게 이것저것 알려주려 한다. 천천히 해도 된다는 주변의 조언에도 그는 아랑곳하지 않고 각기 다른 잔을 꺼내 들며 하이볼 제조법에 대해 설명한다. 그 모습이 코미디 영화의 한 장면 같으면서도 기특하기도 하여 말없이 고개를 끄덕이며 제조법을 익혔다.

2.

두 시간이 지난 후, 또 다른 알바생이 왔다. 그 또한 출근한 지 1주일밖에 되지 않은 신입이었는데, 그새 가게 일에 익숙해졌는지 출근 후의 모습이 꽤 안정돼 보인다. 테이블 번호를 숙지하니 동선이 매끄럽다. 속으로 1, 3, 5, 6, 7, 8, 9 … 테이블 번호를 되뇌어본다. 이 술집의 테이블은 총 22개다. 자리 배치는 뱀의 꼬리처럼 구불구불하다.

3.

저온 냉장고에 넣어둔 500잔에 생맥주를 따른다. 잔이 차가울수록 거품이 많이 나는데, 거품이 적게 나기 위해 맥주를 느리게 따르다 보면 잔을 잡고 있는 오른손이 얼얼해지곤 한다. 맨손으로 얼음장을 쥐는 느낌이랄까. 문득 뮌헨에 갔을 적 호방하게 맥주를 따르던 직원의 모습이 스친다. 국자로 연거푸 거품을 덜어내고 있을 때면, 거침없이 맥주를 흘려보내고 거품 가득 든 잔을 내어주던 독일에서의 장면이 떠오른다. 가끔은 미지근해도 좋을 텐데. 가끔은 거품이 일어도 좋을 텐데 하는 상상은 살얼음 생맥주를 따르는 나의 요행일지도 모른다.

4.

 어느 직원이 말하길 꿈은 자고로 커야 한다고, 꿈이 작으면 소망이라고 한다. 작다고 해서 소망이 아닐 테지만, 꿈이 작으면 소망이라는 말이 머릿속에 오래 맴돈다. 어학사전에 소망과 대망을 검색해보니, 작은 희망을 뜻하는 소망은 없고 큰 희망을 뜻하는 대망은 존재한다. 작은 희망은 꿈꿀 수조차 없는 허상인 걸까. 작은 희망을 희망이라 부르기엔 그 간절함이 부족한 걸까. 나는 나만의 단어 노트에 소망(小望)이란 단어를 적어본다. 지금 나에게는 작은 희망이 필요하다.

5.

 하루 8시간을 일한다. 입구가 내다보이는 가

벽 뒤로 각종 세팅 재료와 포스기가 있고 그 뒤로는 술 냉장고와 생맥주 탭이 있다. 이곳은 비좁고 계속 움직여야 하는 곳이어서 의자가 없다. 그래서 일하는 대부분의 시간을 손님의 호출을 기다리며 서 있거나 스트레칭하며 몸을 움직이는 데 쓴다. 가끔 손님이 없거나 마감 준비를 모두 마쳤을 때 실장님은 힘들지 않느냐고 가끔 휴게시간을 갖고 오거나 앉아서 쉬라고 권하지만 나는 지금도 쉬고 있지 않느냐며, 서 있는 게 편하다며 사양한다.

북페어 행사를 나갔을 적에도 비슷한 말을 들은 적이 있었다.

"택민님, 계속 서 있으면 힘들지 않으세요?"

"네, 괜찮아요. 저는 서 있는 게 마음이 편하더라고요."

행사에 참가했을 때 자리에 앉아 있지 않는 이유는 여러 가지가 있겠지만 가장 큰 이유는 부스를 찾는 이들에게 부담이 되지 않았으면 하는 마음에서다. 무슨 말이냐면, 의자에 앉아 손님들을 응대하다 보면 속으로 '나, 너무 싸가지없어 보이진 않을까?' 생각하는데, 그런 상상을 하면서도 자리를 박차고 일어날 수 없는 건 의자에서 일어나는 순간 매대를 구경하던 사람들이 개울가의 큰 돌을 들춰냈을 때 숨어있던 물고기가 달아나는 것처럼 살펴보던 책을 내려두고 사라지는 걸 몇 번이고 목격했기 때문이다.

'아아, 저 녀석이 본격적으로 호객을 시작하겠구나.''조용히 읽고 싶은 나를 방해하겠구나.' 하고 말이다. 물론 쭈뼛대고 부족한 말솜씨로 인한, 아니 애초에 잠시 살펴보고 갈 사람이었는지 모르지만 아무도 머물지 않는 부스 앞을 보며 씁쓸하게 공상하게 되는 것이었다. 그 이후로는 애초에 서 있는 상태로 부스를 찾는 이들을 응대한다. 해야 할 말보다 하지 말아야 할 행동을 떠올리며 첨언하고 싶은 욕구를 꾹꾹 누른다. 나의 의도는 책에서 찾을 수 있다는 듯이. 그렇게 한 시간 두 시간이 흐르고 행사의 절반이 흘러갈 때쯤이면 발바닥이 아프기 시작한다. 그러면 신발을 벗고 맨발로 서 있거나 선물로 받은 비타오백과 같은 작은 병을 바닥에 두고 테이블 밑에서 남몰래 발바닥을 마사지하는 것으로 고충을 덜어낸다.

근년 간 인고의 시간을 여러 차례 경험하다 보니 가만히 서 있는 것에 익숙해졌다. 그런 면에서 부스를 찾는 예비 독자들을 기다리는 마음이나, 술집 문을 열고 들어오는 손님들을 기다리는 마음이 크게 다르지 않다. 오늘은 덜 바빴으면 좋겠어요, 라며 작게 투정하는 알바생 동생에게 나는 말한다.

"바쁜 게 좋지 않아? 시간 빨리 가잖아!"

누군가를 기다리는 마음으로 오랜 시간 서 있는 것이 아무렇지 않은 것처럼 오지 않는 내일을 기다리며 누워 있는 밤이, 오지 않는 영감을 기다리며 앉아 있는 시간이 보다 수월해졌으면 한다.

6.

서빙 알바생에게 필요한 기술 중 하나는 스몰 토크 능력이다. 피크 타임을 제외하고는 손님을 기다리거나 부름을 대기하는 시간이 많으므로 남는 시간에는 주로 옆 사람과의 대화로 시간을 죽이곤 한다. 사장님과의 대화, 주방 직원과의 농담, 동료 알바생과의 노가리.

 오픈 조를 맡은 친구와 며칠 같이 일하다 보니 나도 모르게 마음에 문 열렸는지, 그에게 질문을 던지고 있었다.

 "쉴 때는 주로 뭐해?"

 "저 유튜브 봐요."

 "요즘엔 유튜브로 어떤 거 봐?"

 "아이돌이나 연예인들 나오는 거 봐요."

 "아이돌?"

 "네."

 "어느 그룹 좋아해?"

 "트와이스랑 프로미스나인이요. 프로미스나인 알아요?"

 "아니… 내가 아이돌은 별 관심이 없어서…. 그래도 트와이스는 조금 알아. 채영, 지효, 사나, 정연, 미나….."

 "아직 네 명 남았어요."

 "음… 모모! 그리고… 다연? 아, 나연! 다현! 또

한 명 누가 있지?"

"되게 오래 걸린다. 쯔위요!"

"아… 쯔위…!"

"네, 트와이스에서 제일 좋아하는 가수예요. 다음 달에 솔로 데뷔해요."

"아, 그렇구나. 그리고 유튜브로 또 뭐 보는 거 있어?"

"드라마 영화 요약본 보거나 게임 영상 봐요."

"요약본? 그거 재미있어?"

"아니요. 중요한 걸 다 잘라놨어요."

"그럼 왜 봐?"

"시간이 없어서요."

"왜 시간이 없어?"

"이거(알바) 하느라요."

7.

술집을 찾는 사람들을 관찰하다 보면 다양한 인간 군상을 찾아볼 수 있다. 바쁘다면 바쁘고 무료하다면 무료한 서빙 일에서 그들을 구경하는 일은 꽤 재미난 일이다.

    동행인에게 친절하게 굴지만 정작 직원에게는 불친절한 사람. 반대로 동행인과 불같이 싸우다가도 음식이 나오면 누구보다 상냥한 목소리로 잘 먹겠습니다, 하는 사람. 마주 앉은 자리에서 옆자리로 옮겨와 지나친 애정 행각을 벌이는 어린 커플과 상대 자녀의 안부를 물으며 두 손을 꼭 잡고 있는 불륜 관계의 중년들. 술집에 와서 어린이 메뉴를 찾는 사람(찾을 수야 있지만 없다고 표정을 잔뜩 찡그리며 왜 없느냐고 화를 낼 필요가 있을까?)과 떨어트린 수저를 굴러가는 돌멩이처럼 바라보다 다시 대화 속으로 고개를 돌리는 사람(떨어진 수저를 줍는 건 나의 일이라지만 그 모습을 보고도 주울 생각조차 없다는 것이 신기하기만 하다) 등 손님의 여러 유형을 살피는 일이 이 시간의 유일한 낙이라고 해도 무방할 것이다.

8.

    소란스러운 분위기의 술집에 홀로 앉아 요즘

유행한다는 아이돌 노래의 뮤직비디오를 흘겨본다. 쟤네 이름이 뭐였더라. 몇몇은 알겠고 몇몇은 도무지 모르겠다. 알겠다고 생각한 이름도 맞는지 확신할 수 없다. 대각선 자리에서는 그들만의 심각한 이야기가 오간다. 지난 오해를 푸는 중으로 보이는데, 한 사람이 다른 한 사람에게 당시의 상황을 해명하고 술을 따라주며 건배를 권한다. 그 노력이 가상해 보이면서도 그게 나랑 무슨 상관인가 싶어 알아들을 수 없는 가사를 귀로 넣는다.

나만의 슬픔도, 나만의 걱정도 어쩌면 이 작은 테이블 안에만 존재하는 건지도 모른다. 그 고민들 가운데에는 이름 모를 고민이 있을 것이고, 무어라 불러야 할지 긴가민가한 고민이 있을 것이며, 명확하게 명명할 수 있는 고민도 있을 것이다. 시끌벅적한 곳에 있으니 소란스러운 마음도 희석되는 걸까. 다들 이렇게 살고 있는 것이라고 사람들은 몸소 재현하고 있는 걸까. 티브이 속 화면이 바뀌고 다른 아이돌 그룹의 칼군무가 시작된다. 그래서 쟤네 이름이 뭐였더라⋯.

9.

프랜차이즈 맥줏집 특성상 메뉴가 거기서 거기다. 한 번쯤 먹어봤음 직한 맛과 플레이팅. 하지만 아는 맛이 무섭다고 많은 사람들이 호젓한 가을밤을 달래기 위해 술집을 찾는다.

나는 "어서 오세요, 몇 분이세요?"를 첫마디로 그들을 응대한다. 어려 보이는 친구들에게는 신분증을 요구하고, 나이가 지긋하신 분들께는 키오스크 사용법을 알려드린다. 주방에서는 주문이 들어온 음식들을 만드는데 대부분이 레토르트 식품을 조리해 주는 것이다. 이것은 음식이라기보다는 가공식품에 가깝다는 생각이다.

김치전은 정량의 식용유를 뿌리고 타이머에 맞춰 뒤집고 삐빅삐빅 완료음에 접시로 옮겨 담는다. 고온의 기름에 튀기는 치킨이나 돈가스 같은 튀김류는 정해진 시간에 맞춰 더욱 칼같이 조리해 내며 오븐이나 전자레인지로 정해진 시간을 설정해 두면 알아서 조리가 끝나는 소시지나 마른안주류는 더할 것도 없다.

이미 알고 있었던 사실이지만 그 모습을 바로

옆에서 지켜보고 있자니 씁쓸한 기분을 감출 수 없다. 그동안 나는 직접 반찬을 만들고 인스타풍 맛집이 아닌 동네 후미진 골목에 있을 법한 곳을 주로 찾아다녔기 때문이다. 이러나저러나 내게 월급을 쥐여주는 곳은 몇 년 사이 모회사의 공격적인 투자로 우후죽순 가맹점을 늘린 프랜차이즈 술집이므로 그들의 운영 방식에 불만은 전연 없다.

하지만 문제는 사장이 홀 서빙하는 알바생들에게도 마치 주방에서 정해진 방식으로 식품을 만들어 내는 것처럼 손님들에게 획일화된 응대를 원한다는 것이다. 안주를 만드는 방식과 안주에 곁들여 나가는 것들은 본사에서 내려온 지침을 따라야 마땅하겠으나 직접 고객을 대하는 방식은 사람마다 모두 다른 게 아닐까?

*

시월 말 폴딩 도어에 붙여진 배너는 여전히 [역대급 여름 신메뉴 출시]다. 이 브랜드의 슬로건은 이냉치냉이었던가. 찬 바람 부는 늦가을 살얼음 막

걸리와 눈꽃빙수 이미지는 보기만 해도 이가 시리다. 매장 밖만 아이러니한 상황이냐, 그건 아니다. 여름철 내내 상온에 꺼내 놓았던 유자 리큐르와 스퀴즈드 레몬을 이제 와서 냉장고에 넣어두란다.

"민증 검사 꼭 해야 돼."
"민증 없으면 사진만 보여줘도 돼."

"근무 중에 가급적 핸드폰 보지 마."
"내가 연락했는데 왜 카톡 안 봐!"

"뚝배기는 버너에 올리면 안 돼."
"뚝배기 그냥 끓여 드시라 해."

"야외 테이블은 탕류 주문 안 된다."
"탕류 주문받아도 된다니까? (대체 언제?)"

"야야, 여유롭게 해."
"(주방에서 튀어나오며) 맥주를 그렇게 따르면 어떡하냐!"

*

음식물 쓰레기통에 꼬챙이를 버린다. 그가 가게 밖으로 나갔을 때 그 꼬챙이를 빼서 다른 곳에 담아 버렸다. 그러면 안 되는 거라고 다시금 되새겼다.

10.

상을 닦고 왔는데 왼쪽 검지에서 피가 난다. 소주 뚜껑에 찍혔거나 부탄가스를 갈다가 버너의 날카로운 끝에 긁혔을 거다. 살점이 작게 드러난 걸 보니 베인 상처라기보다는 갈고리 같은 것에 뜯긴 듯하다. 상처 난 손으로 물건을 집고 옮기는 내내 손아귀에 힘이 들어가질 않는다. 촌철은 언제나 사람을 무너트린다.

11.

나는 사람을 쉽게 미워한다. 저 사람은 대체 왜

저럴까 자주 생각한다. 물론 속으로 생각하며 겉으로는 잘 티를 내지 않는다. 순진해 보이는 얼굴(난 좀 그렇게 생긴 것 같다. 때론 그게 싫지만) 안에는 살기 어린 눈빛이 숨어있다.

주방에서 일하는 실장님은 매사 신경질을 낸다. 본인이 바쁘면 남들도 바빠야 한다고 생각하는 듯하다. 주방 바깥에서의 일로도 정신이 없는데 빨리 물통에 물을 채워 넣으라며 재촉하고, 음식이 나오자마자 벨을 따갑게 내리치며 어서 테이블에 가져다주라며 채근한다. 그럴 때마다 속으로는 그렇게 답답하면 자기가 하면 될 것이지… 하는 반감이 커지곤 했다.

그러던 어느 날, 김치볶음밥을 해주시는(가게 오픈을 하는 알바생들에게 저녁을 만들어주신다) 실장님과 가벼운 대화를 주고받고 있었다. 나는 요리하고 있는 그에게 다가가 실장님은 식사 안 하시냐고 물었는데, 그에게서 돌아온 말은 나를 서늘케 했다. 나, 항암치료 받는 중이라 많이 못 먹어. 너 오기 전에 주먹밥 조금 해서 먹었어. 아, 그러시구나…… 치료받으시는 데 일하셔도 괜찮으세요? 일주일에 한 번 가는 데 뭐 어때, 괜찮아.

나는 괜히 바쁜 척을 하며 가게 홀로 빠져나와 수저통을 채우고 아직 충분한 냅킨을 새것으로 갈았다. 휴지를 갈아 끼우며 생애 한 번도 힘든 것을 매주 받고 있을 그를 떠올렸다. 그의 병과 그의 짜증이 어떤 연관성이 있는지 알 순 없겠지만 그날 이후로는 그의 날 선 말이 더 이상 날카롭게 들리지 않았다. 그래야 할 것만 같았다.

*

평일 바쁜 시간대에는 주방 일과 설거지를 도와주시는 이모님이 오신다. 하루 4시간을 일하시는데 그중에 대부분은 핸드폰으로 주식 그래프를 보느라 여념이 없다. 테이블을 치우고 양손 가득 접시와 맥주잔을 들고 주방에 들어왔을 때 설거짓거리를 놓아야 할 공간에 걸터앉아 핸드폰 화면만 바라보고 있는 모습을 보고 있으면 속에서 답답함이 올라온다. 짜증 섞인 목소리로 "이모님 잠시만요!"를 길게 외치면 그제야 엉덩이는 떼지 않고 몸만 왼쪽으로 틀어 공간을 내어준다. 그것이 불만이라면 불만이었다. 일하러 와서 정말 왜 저러는 걸까 하고서.

그런데 어젯밤 이모님이 퇴근하고 실장님은 나에게 요즘 저 언니 피곤해 보이지 않느냐며 넌지시 물어왔다. 나는 그런가요, 하고 말았는데 실장님이 말하길 이모님이 퇴근하고 곧장 쿠팡으로 출근한다는 것이었다. 저녁 7시부터 11시까지 일을 하고, 다시 자정부터 아침 9시까지 육체노동을 하고, 또다시 저녁 7시에 출근하는 삶은 어떤 삶일까 떠올려 보았지만, 살아오며 이처럼 절실한 적이 있었는지 도무지 그려지지 않았다. 주식에 빠져 사는 데는 그만한 이유가 있었을 거란 생각으로 이어졌으나 그 이상의 상상은 하지 않기로 했다. 그저 다음 주에 만나 뵙게 된다면 보다 생긋한 웃음으로 인사를 해야겠다고 다짐했다. 그리고 그의 주식 차트가 빨갛게 물들며 우상향 곡선을 그리길 바랐다.

다음 주 화요일, 나는 출근하는 그에게 괜스레 아양을 떨면서 "충성!" 하며 경례했다. 그는 나의 장난을 충성하며 받아주었다. 그의 경례 각도는 형편없었지만 정말 형편없던 것은 나의 태도와 선입견이었을 테다.

12.

 가을이 가고 겨울이 오고 있는데 여전히 여름 신메뉴 배너가 걸려있다. 본사는 가맹점 늘리기에 급급하고 점주는 매일 저녁 창문을 열면서도 저것이 신경 쓰이지 않나 보다. 마지막 근무를 하는 12월 첫째 주, 첫눈이 내린 지도 일주일이 지났지만 [역대급 여름] 홍보 배너는 여전히 자리를 지키고 있다. 정말이지 이곳은 역대급이다.

어느 나라의 야시장에서

가벼운 구름과 무거운 구름. 어쨌거나 새하얀 구름이 하늘에 둥둥 떠 있다. 비행기는 무거운데 하늘을 날아다닌다. 아직도(어쩌면 당연하게도) 비행기가 하늘을 나는 걸 과학적으로 증명하지 못했다고 한다. 사람 마음 같은 비행기. 나도 가끔 기분이 훨훨 날아다니거나 둥둥 떠다니다가도 때로 심연으로 무겁게 가라앉을 때 스스로를 모르겠는 기분이 들곤 한다. 증명하지 못해도 행해지는 것이 있다. 하늘을 가로지른 역순으로 한국으로 돌아간다면 비행기는 자신의 비행을 증명할 수 있을까. 9년 전 처음으로 혼자 떠난 해외여행은 미지의 세상에 대한 호기심이 우선이었는데, 오늘의 비행은 나에 대한 의문으로부터 시작됐다. 아차차, 비행기가 난기류에 흔들린다. 한쪽으로 기우는 기체 안으로 볕이 길게 스민다. 흔들리지 않았다면 마주하지 못했을 빛이다. 시월의 가을볕이 조금은 따갑다.

타오위안역에서 서울과 별반 다르지 않은 시스템의 전철을 타고 타이베이 시내로 이동했다. 숙소는 타이베이역에서 도보로 10분 남짓에 길 건너로 야시장도 위치하고 있었으니 구글맵스 호텔 리뷰란에 적힌 "위치가 개미쳤다"는 후기가 맞는 듯했다. 나는 캐리어를 끌고서 비를 피해 건물 밑 통로를 지나 숙소에 도착했다.

방에 짐을 풀고 약간의 땀을 식힌 후 숙소를 나섰다. 부슬부슬 내리던 비는 어느새 빗방울이 굵어져 있었다. 한 손으로는 핸드폰을 쥐고 다른 손으로는 우산을 쓰고 일렬로 길게 늘어선 좁은 야시장 골목으로 들어섰다. 친구가 추천해 준 굴전 맛집이 문을 닫아 바로 옆집에서 같은 메뉴를 시켜 먹었으나 니글니글한 기름 맛에 반도 먹지 못하고 나왔다. 원래 내 입맛이 아니었는지, 이곳이 별로인 건지는 알 수 없었지만, 날씨부터 첫 끼까지 여행 첫날부터 따라주는 게 없는 것 같아 마음속에서 괜한 불이 났다. 여기는 정기 휴무일도 아닌데 대체 왜 문을 닫은 거야. 나는 어째서 시장을 둘러보지도 않고 배고픔에 현혹돼 여길 들어온 거야. 타국에 와서 하는 일이라곤 한국에서 줄곧 해 왔던 전가와 자책이었다.

   정신을 차리고 야시장 끝에서부터 천천히 둘러보기로 한다. 오랜만에 해외에 왔으니 반드시 맛있는 음식을 먹어야 한다는 욕심과 여행을 실시간으로 SNS에 공유해야 한다는 강박을 내려놓으니 웬걸, 이것도 맛있어 보이고 저것도 맛있어 보인다. 핸드폰은 가방 속에 넣어두고 주변을 둘러보자 손이 가벼워졌고, 손이 가벼워지자 마음과 시선도 덩달아 홀가분해졌다. 그제야 사방의 다채로운 음식과 여행객들의 활기찬 표정이 보이기 시작했다. 중간쯤 지나왔을까 속이 꽉 차 보이는 돼지고기 소시지를 하나 샀다. 상인은 동전을 건넨 내 손에 마늘 한 주먹을 쥐여준다. 소시지 한입, 마늘 한 입. 대만 마늘, 알은 작은데 제법 알싸하다. 소시지를 한 입 베어 물고는 뜨거움에 후우, 얼얼한 기운에 후우우, 번갈아 입김을 내뱉는다.
   소시지 하나에 금세 기분이 좋아진 나는 다른 먹거리를 찾아 나섰다. 로우자모도 먹고 싶고, 대만식 꼬치 요리들도 맛나 보인다. 그런 내 눈에 들어온 건 다름 아닌 그릴드 스퀴드. 오징어나 먹태, 한치와 노가리와 같은 마른안주라면 환장하는 나는 새로운 음식보다 익숙한 맛에 끌렸다. 시선이 간 곳은 해산물만 전문으로 취급하는 포장마차 같은 곳으로 매대 위에는 조개와 관자, 새우와 전복이 있었고 그 옆으로 손질된 오징어가 넓은 자리를 차지하고 있었다. 비를 피해 건물 밑으로 들어가 무얼 먹을지 고민하던 찰나 현지인으로 보이는 모녀가 그곳을 찾아 조개탕을 주문한다. 우산은 접었지만 식성마저 접을 순 없던 노릇. 나는 상인에게 다가가 파파고를 켜 테이블에 앉아서 먹을 수 있는지 물었고 그럴 수 있다는 대답이 돌아오자 그대로 오징어구이를 주문하고 천막 아래로 몸을 숨겼다.

구석 자리에 앉아 축축한 시장 골목을 바라봤다. 생전 처음 오는 곳 일지라도 내가 앉을 자리 하나쯤은 있다는 사실에 안도했다. 긴장이 풀리자 맥주가 당겼다. 안 그래도 가방 속엔 세븐일레븐에서 사 온 맥주 두 캔이 있었다. 타이완 맥주 하나와 대만에서 유명하다는 18일 맥주. 나는 여기서 맥주를 먹어도 되는지 한 번 더 번역 앱의 도움을 받아 물었고 선선히 고개를 끄덕이는 모습에 가방 속에서 맥주를 꺼내려는데, 주인은 테이블 위로 맥주 캔을 턱 올려놓고는 마저 오징어를 구우러 갔다. 외부에서 사 온 맥주를 먹어도 되냐고 물어본 건데…….

 말은 통하지 않고 인터넷에 검색해 보긴 귀찮다. 궁여지책으로 가방 뒤로 편의점 맥주를 숨긴 채 두 캔을 번갈아 마신다. 눈치를 살살 살펴 가며 맥주를 마시고 있을 때 주인이 소스를 택하라며 말을 붙인다. 소금 양념을 해달라는 말에 매운 걸 좋아하냐는 질문이 돌아온다. "어 리를" 집게손가락을 작게 꼬집으며 발음을 굴렸다. 곧이어 야들야들하게 구워진 오징어가 먹기 좋은 크기로 잘려 나왔다. 그 위로 매콤해 보이는 빨간 가루가 뿌려져 있었다. 역시 아는 맛이 무섭다고 되뇌면서도, 대만까지 와서 오징어구이나 먹고 있는 게 우습기도 해 살짝 미소가 지어졌다. 그리고 맥주 한 모금을 길게 들이켜고는 야시장 한구석에 앉아 타국의 밤거리를 바라보고 있다는 사실에 크게 한 번 웃어 보였다. 시원하게 내리는 가을비가 그간의 사사로운 걱정을 씻겨내 주는 듯했다.

맥주를 마시며 이 나라의 첫인상을 직사각형 프레임이 아닌 머릿속에 집어넣었다. 금세 맥주 두 캔을 모두 비워냈고, 나머지 한 캔도 소리 나지 않게 따서 몰래 홀짝거렸다. 빗발은 더욱 거세졌지만 바람은 눅눅지 않았다. 맥주를 마시는 중에는 천막을 따라 흘러내린 빗물이 오른쪽 어깨를 적시곤 했다. 이따금 굵은 빗방울이 내려앉을 때면 어깨를 툭 치며 나를 부르는 듯해 뒤를 돌아보았지만 그곳에 나를 부르는 사람은 아무도 없었다. 그저 앞을 응시하며 손님들을 응대하는 상인들만이 보였다. 본인의 요리에 집중하면서도 옆 가게 주인과 대화를 주고받는 모습에선 진한 동료애가 느껴졌다.

그들은 닝샤 야시장이라는 같은 공간에 존재하지만 이들이 요리하고 판매하는 음식들은 모두 달랐다. 누군가는 찹스테이크를, 누군가는 망고 주스를, 누군가는 탕후루를, 누군가는 티라미수 케이크를, 누군가는 지파이를 만들었다. 외부의 시선에서는 야시장이라는 단어 하나로 인식되겠지만 그 속에는 저마다 다른 맛과 이야기가 존재했다. 들여다보지 않으면 보이지 않는, 눈여겨보지 않으면 볼 수 없는 것들이 있다. 오징어를 질겅질겅 씹으며 끄적이는 하룻밤의 여행기도 야시장 한 켠에 앉아 생동하는 삶의 뒷모습을 바라보지 않고서는 적어낼 수 없던 것이었다.

혼자만의 감상을 메모장에 길게 늘어놓는 사이 맥주 세 캔을 모두 비워냈다. 잔뜩 꾸긴 맥주 캔을 가방에 넣고 가게를 빠져나왔다. 숙소로 돌아오는 길엔 눈도장 찍어둔 음식 몇 개를 포장하고 편의점에서 맥주 서너 캔을 더 쟁여와야겠다. 그러다 졸음이 쏟아지면 알람을 맞추지 않고 부드러운 침대 시트에 얼굴을 파묻을 것이다. 여행의 첫날밤은 본디 이런 맛이니까.

아무 일도 일어나지 않는다

    공항버스가 어느 정류장으로 도착하는지 헷갈려 횡단보도를 여러 번 건넜다. 영문으로 제주행 항공권을 예약해 현장에서 승무원의 도움을 받아 예약명을 변경했다. 생수를 갖고 보안 검색대에 줄을 서 다시 뒤로 돌아갔다. 가방에서 노트북을 미리 꺼내두지 않아 잠시간 줄이 밀렸다. 웃옷을 벗지 않고 검색대에 들어가다가 검색요원에게 한 소리를 들었다. 보안 검색대에서 가방 내부를 확인하더니 필통에서 커터 칼을 압수해 갔다. 칼 같은 날카로운 물건을 가지고 탈 수 없다는 걸 알아 미리 캐리어에 커터 칼 하나를 챙겨두었는데 정작 필통에서는 빼놓질 못했다. 다른 탑승구 앞에서 수속을 기다리다가 직원에게 전화를 받은 후 급히 셔틀버스를 타고서 맨 마지막으로 비행기에 올라탔다. 실수를 연발하는 오후였지만, 정작 나에게는 아무 일도 일어나지 않았다.

마음체를 배워야 할 때

　연필로 입국 신고서를 작성한다. 뭉툭한 촉으로 적어내다 보니 글씨가 작은 칸 밖으로 자꾸 벗어난다. 나고야 국제공항에 도착해 입국 수속 절차를 밟는다. 긴 줄을 기다려 심사대 앞에 여권과 신고서를 내미는데, 아크릴판 안쪽에서 무심한 눈빛이 느껴진다. 입국 심사 요원은 입국 신고서를 내게 다시 건네며 무어라 이유를 설명하지만 영어에 능통치 못한 내가 일본식 영어 발음을 제대로 알아들을 리 없다. 출입국 카드를 연필로 적어서는 안 된다는 말을 어렴풋이 이해하고 심사대 앞을 빠져나온다. 그동안 나는 승무원에게 건네받은 펜으로 신상을 적어냈었나 떠올려 봤지만 기억이 잘 나지 않는다. 그나저나 왜 연필로 적어서는 안 된다는 걸까. 이름이 쉽게 번져서는 안 된다는 걸까. 인적 사항이 쉽게 지워져서는 안 된다는 걸까.

　길게 늘어선 줄을 되돌아가 테이블 위에 꽂힌

검은 펜으로 신고서를 다시 작성한다. 이름과 성, 타고 온 항공편과 여행 일자, 사는 곳과 머무는 곳의 주소지를 핸드폰 캡처 화면을 보고 반듯하게 옮겨 적는다. 얇은 펜촉으로 적어낸 글자는 네모 칸을 벗어나지 않는다. 타국에 들어서기 위해서는 쉽게 지워지지 않는 펜과 흐트러지지 않은 반듯한 글씨체로 나의 한 면을 적어내야 했다.

다른 나라에 왔지만 입국 수속 절차를 통과하지 못한다면 그 나라에 왔다고 말할 수 있을까. 보이지 않는 경계선을 지나 한 나라에서 한 나라로 날아왔지만 그 나라의 공항을 벗어나지 못한다면 한국을 떠나왔다고 말할 수 있을까. 국경을 넘는 일에도 이렇게나 명료한 절차가 필요한 법인데, 타인의 마음 안으로 들어가는 일에는 얼마나 긴 줄을 기다려야 하고 얼마나 복잡한 절차를 거쳐야 하는 건지. 한 사람을 마주하고 앉아 대화를 나누고 있다고 하여 그 사람을 온전히 안다고 말할 수 있을까. 한 사람을 품에 안고 있다고 하여 그의 상처까지 보듬어주고 있다 할 수 있을까. 바깥을 벗어나지 않는 마음체를 배워야 할 때이다.

기다리는 방식

 레일 위로 캐리어가 하나둘 떨어지고 사람들은 자신의 짐을 찾기 위해 컨베이어 벨트 앞으로 모여든다. 공항에서는 캐리어가 바뀌는 경우가 종종 있으니 유의하라는 안내 방송을 하지만 내 눈에는 모든 캐리어가 다르게 보인다. 어떤 건 길쭉하고 어떤 건 납작하다. 어떤 건 네모반듯하고 어떤 건 둥그스름하다. 이처럼 수하물을 기다리는 모습도 천차만별. 느긋하게 핸드폰을 하다가 운 좋게 자신의 짐을 발견하는 사람이 있고, 좀처럼 나오지 않는 짐에 두 발을 동동 구르는 사람이 있다. 우리나라 정도면 빠르게 나오는 편이라고 공항 시스템을 칭찬하는 사람이 있는 반면, 한국은 어쩜 이렇게 수하물이 늦게 나오냐며 투덜대는 사람도 있다(나는 짐을 기다리며 이런 생각이나 하는 사람이고). 저마다의 방식을 살피는 사이 작고 네모난 남색 캐리어가 낮은 포복으로 내 쪽을 향해 기어 오고 있다.

글자를 쓸 땐 건조한 마음으로

붓펜을 쥘 땐 손이 건조해야 한다. 손에 물기가 남아있으면 손에서 펜이 미끄러져 글씨가 힘을 잃는다. 이따금 선물용으로나 북페어에서 책을 담아드릴 용도로 황색 크라프트 종이봉투 위에 책 속 문장을 캘리그래피하곤 하는데, 펜을 들기 전엔 항상 손을 닦는다. 손바닥에 남아있는 유분기를 비누로 닦아내고 수건으로 물기를 완전히 제거하는 것이다. 마른 손으로 도구를 쥐어야 문장이 번지지 않는다. 글을 쓰는 일이 그렇듯 쓰는 사람은 먼저 젖어있어서는 안 된다. 젖은 마음으로 펜을 쥐면 미끄러운 글, 축축한 글, 시끄러운 글, 냄새나는 글, 늘어진 글, 사방으로 튀는 글, 조야한 글이 나온다. 우산 없이 비를 맞을 땐 겉옷만 젖는 사람이 아닌 속옷까지 젖는 사람이 되고 싶지만, 생각을 문장으로 옮겨낼 땐 건조한 마음으로 펜대를 쥐는 사람이고 싶다.

겨울은 거울을 닮아서*

저는 겨울이 오면 사라지는 것들에 대해 생각합니다. 나뭇가지를 수놓았던 이파리는 어디로 사라졌는지, 바람에 흩날리던 낙엽은 어디로 날아갔는지 주위를 둘러보며 종종 의아해합니다.

겨울은 마치 거울이란 단어와 닮아서 저 자신을 돌아보게 하는 계절입니다.

내게 찾아왔던 인연들은 어디로 갔는지, 한때 품었던 마음은 어째서 이토록 쉽게 희미해졌는지 자문하게 되는 것이지요.

우리가 연말이 되면 스스로를 되돌아보고 주변을 보다 세심히 살피는 이유가 겨울이 성큼 다가와서 인지도 모르겠습니다.

당신의 겨울은 어떠한가요?
저는 겨울을 핑계로, 겨울을 이유로 당신에게 안부를 묻고 싶습니다.

당신이 넘어가고 있는 겨울의 언덕은 미끄럽지 않은지, 머지않아 다가올 봄은 어떠할 것인지에 대해서요.

대상 없는 편지는 어떤 의미를 지니고 있을까요. 물론 이 편지를 읽고 있는 당신이 있지만, 대개 편지에는 특정한 대상과 목적이 있으니까요.

이를테면 누군가에게 사랑을 고백한다거나, 잘못을 사과한다거나, 진실을 전한다거나….

그런 의미에서 진심은 편지를 쓰는 자에게 가장 중요한 덕목이 아닐까 싶습니다. 혹자는 그러더군요, 편지만큼 솔직한 것은 없다고요.

진심이 담기면 몇 장이고 써 내려갈 수 있지만, 진심이 담기지 않으면 단 한 자도 적어낼 수 없는 것이라고요.

그래서일까요? 전 이 편지를 시작하기 위해 며칠 밤을 지새우곤 했습니다.

마음이 진심으로 우러나길 기다린 것이지요. 마치 티백이 뜨거운 물에 풀어지도록 말입니다.

조용한 새벽을 맞이하며 편지를 쓰는 지금, 제법 속 깊은 이야기는 새벽처럼 고요한 시간에만 꺼내 놓을 수 있는 것 같다는 생각이 듭니다.

편지가 가장 많이 쓰이는 시간대가 있다면 아마도 자정이지 않을까요.

시침과 분침과 초침이 12, 라는 한 숫자로 모일 때 우리네 마음속에서도 여러 얼굴들이 스쳐 지나가고 있을 테니까요.

그렇다면 당신은, 당신 곁을 스쳐 지나가는 것들에 대해 생각해본 적이 있나요.

새로 태어나는 것들이 사라져가는 것들의 환생이라고 생각해본 적 없나요.

우리가 이렇게 얇은 종이를 사이에 두고 온기를 나눌 수 있는 것이 단순한 우연에 불과할까요.

당신은 이제 저의 이름을 알고, 저는 여전히 당신의 이름을 모르지만 살아가다 한 번쯤은 마주칠 것 같다는 이상한 확신이 듭니다.

지금도 우리의 곁에서 사라지는 것들이 많습니

다. 하지만 반대로 생각해보면 우리 곁으로 새롭게 다가오는 것들도 수없이 많을 것입니다. 지금 이 편지처럼, 또다시 찾아온 1월의 겨울처럼요.

연필로 쓴 저의 문장이 희미해질지언정 아무리 지워도 끝끝내 지워지지 않는 필압의 흔적처럼 문장의 온도는 오래도록 사라지지 않기를 바랍니다.

당신이 마주할 수많은 겨울을 기대합니다.

어느 겨울밤 자정에
이택민 드림

*서울 해방촌 독립서점, 스토리지북앤필름에서 주최한 편지전 [윈터레터: 익명의 수신인에게]에 적어낸 편지글이다.

다 그런 거란다

 눈은 아래로 내리고 옆으로 휘날렸다가 가끔 위로도 솟아오른다. 비 오는 날 우산을 쓰고 걸을 때 앞에서 들이치는 빗살에 허벅지 앞면을 적신 적이 있을 거다. 삶이란 그런 거다. 피하려 해도 속절없이 젖고 마는. 앞으로 가는 줄만 알았는데 가끔 샛길로 빠져도 보는. 한참 뒤돌아 가보기도 하고 그러다 위험한 역주행을 감행키도 하는. 삶이란 다 그런 거다. 애쓸 거 없다. 결국엔 눈처럼 다 내려오기 마련이다.

(무/화과/치/즈크/림바/게/트)

    잘라서 드릴까요,라고 묻지 않아 잘라서 주시나요,라고 묻는다. 잘라서 드릴게요,라는 답변을 듣고 카페 한 켠에 자리를 잡는다. 주문 번호를 호명하는 소리에 카운터로 가 듬성하게 잘린 무화과치즈크림바게트와 아이스 커피를 가지고 돌아온다. 바게트를 손으로 집어 입에 넣으려니 바삭한 겉면이 입가에 닿는다. 잘라도 큰 것. 아무리 사소해도 버거운 일이 있다. 누구에게 한 입 거리 빵이 누구에겐 입을 아무리 크게 벌려도 넣을 수 없는 것이기도 하다. 따가운 입가를 매만지며 무화과와 치즈크림을 넣은 바게트를 한입에 넣으려면 빵 크기의 최소 단위는 딱 저 정도일지 생각하다가 나 같은 사람을 위해 내어주었을 포크와 나이프를 쥐고 먹기 좋은 크기로 바게트를 자른다. 손 쓸 수 없을 것 같아보이는 난관을 마주할 때면 빵을 자르는 사소한 일부터 차근히 시작해 보기로 한다.

3부

나에 대해 몰랐던 사실

이 차가운 공간 속에

1.

운전석을 조정하면 사이드미러와 백미러 위치도 함께 손봐야 한다. 앉은 자리 조금 바뀌었을 뿐인데 모든 걸 바꿔야 했다.

2.

구슬비가 내리는 어느 봄밤, 와이퍼를 세게 켜지 않는다. 비의 할 일을 빼앗는 것 같아서. 차창의 빗방울을 빠르게 쓸어내는 일이 어쩐지 슬퍼서. 잠시 시야 가려져도 내가 조심하면 그만인 일. 앞차와 조금 떨어져 천천히 나아가면 되는 일.

뽀드득뽀드득.
창을 매만지는 와이퍼 소리가 아득바득 생을 살아내는 것 같아 가슴이 철렁 내려앉는다.

표독스러운 소리로부터 멀어지고 싶은 마음으로 신호에 걸릴 때 와이퍼 작동을 끈다. 뿌예지는 시야와 방울방울 번지는 붉은 빛. 사거리에는 언제든지 튀어 나갈 준비가 된 자동차로 가득하다. 멈춰있는 것처럼 보이지만 멈춰있지 않은 것들. 초록불을 기다리는 저 자동차들처럼 누군가 내 옆구리를 쿡 찌르며 무슨 일이에요, 어서 말해봐요, 우리 어디 조용한 데 가서 술 한잔해요, 한다면 당장이라도 아니 그게 아니라… 하며 운을 뗄 것만 같다. 더 이상 어두워질 것 없어 보이는 밤이 어두워지고 있다.

3.

동시다발적으로 차의 앞 유리를 때리는 빗방울은 드니 빌뇌브의 「컨택트(Arrival)」에 나오는 외계인 헵타포드를 연상케 한다. 그들은 일곱 개의 다리를 가진, 흡사 문어를 떠올리게 하는 고등 생명체다. 그들은 다리 끝에서 뿜어내는 먹물 같은 것으로 투명한 벽면 위에 원형 기호를 만들어내 지

구인들과 소통한다. 추적추적 봄비가 내리는 오늘, 외계 비행물체 "쉘" 속에서의 장면처럼 차창에 하늘의 언어가 동그랗게 번지고 있다. 다만 나는 그 뜻을 헤아리지 못한다.

4.

앞차와 일정한 간격을 두고 운전하는 건 나의 안전을 위한 선택이지 옆차가 끼어들게끔 내어준 틈이 아니다. 차와 차 좁은 틈 사이로 한 대 쳐봐, 칠 수 있으면 어디 한 번 쳐 봐, 하듯 머리부터 들이밀고 보는 차량을 만나면 하릴없이 속도를 늦추고 자리를 내어주고야 만다. 그런데 나는 왜 이러한 상황을 참지 못할까. 그래, 들어와라, 하며 웃어넘기지 못하는 걸까. 모두에게 허용된 이 도로를 마치 나만의 공간으로 착각했던 건 아닐까. 대화를 나눌 때도 나의 영역을 지키기 위해 상대에게 틈을 내어주지 않았던 건 아닐까. 앞차와의 간격을 넉넉하게 벌리듯 상대에게 조금씩 속내를 털어놓는 시간이 필요하다.

5.

기어 중립, 브레이크 해제, 와이퍼 센서 off, 핸들 조작 금지, 물기 제거 셀프.

주유할 땐 덤으로 기계식 자동 세차를 하는 편이다. 주유소 영수증을 지참하면 세차비를 할인받을 수도 있지만 그러한 이유보단 동네 방방곡곡과 자신도 모르는 타지를 헤집고 다녔을 자동차에게 앞으로의 시간도 잘 부탁한다는 일종의 아부를 하는 셈이다. 안으로는 기름을 채우고 밖으로는 비눗물 샤워를 하는 이 모순덩어리를 데리고 나는 오늘도 어디로 향할 것인가 고민한다.

6.

시동을 끈다. 흘러나오던 노래가 멈추고 엔진음이 사그라든다. 대시보드 전광판 속 숫자들이 일시에 자취를 감춘다. 기어는 석순처럼 굳고 핸들은 흔들바위처럼 움직일 듯 꼼짝하지 않는다. 운전석에 가만히 앉아 조용히 잠든 지하 주차장을 살핀다. 무수한 적막이 흐른다. 집으로 올라가지 못하고 차 안에서 가만히 앉아 있는 날이 많아진다. 가끔은 그렇게 잠들기도 한다.

차들이 숨죽여 주인을 기다리는 공간에 있다 보면 레오 카락스의 영화 「홀리 모터스」 속 한 장면처럼 평소에는 들리지 않던 말소리가 들리는 것만 같다. 아, 나도 이곳에 놓인 자동차들처럼 시동을 *끄고* 싶다. 버튼 하나면 가던 길을 멈추고 일순 가라앉고 싶다. 뜨겁게 달아오른 머리를 식히고 싶다. 달달 떨리는 가슴의 펌프질을 멈추고 싶다. 부릅뜬 쌍심지를 이젠 그만 *끄고* 싶다.

오늘도 나는 시동을 *끄고* 운전석에 앉아 있다. 아무도 나를 위협할 수 없는 이 차가운 공간 속에.

혼동

오후 애매한 시간 잠에 든 적이 있는가. 불현듯 눈을 떴을 때 지금이 저녁 일곱 시인지 아침 일곱 시인지, 태양의 움직임이 일몰인지 일출인지 구분할 수 없는 순간이 있다. 어스름이 내려앉은 건지, 날이 밝아오는 건지는 가만히 두고 볼 일. 황혼은 여명을 닮아 생몰년이 한 데 적힌 묘비처럼 가깝고, 망망대해의 수평선처럼 그 경계가 희미하다.

생의 구석

새벽에 불현듯 눈이 떠지고 부엌 앞을 서성일 때가 있다. 배가 고픈 것도 아닌데 냉장고를 열어 보고는 젠장 먹을 게 하나도 없네, 중얼거린다. 냉장고 문틈 사이에서 흘러나오는 빛에 의지해 찬장을 살피고 마른 싱크대를 매만진다. 생의 어두운 구석을 비추려면 냉장고 하나쯤은 가지고 있어야 하는 걸까. 이른 열대야가 찾아온 밤이면 냉장고 안으로 몸을 웅크리고 들어가 긴 잠을 자고 싶어진다. 그걸 여름잠이라 불러도 좋을 것만 같다.

그것을 둘이나 가지고서

 오른쪽 발바닥에 오백 원짜리 동전만 한 물집이 잡혔다. 오랜만에 신은 풋살화가 어색했던지, 양말이 너무 얇았던지 그것도 아니면 나의 방향 전환이 잘못됐던지 했을 거다. 물집이 잡힌 것으로는 모자랐을까 집으로 돌아와 양말을 벗었을 땐 이미 살점이 반쯤 덜렁거리고 있었다.

 샤워를 마치고 따끔거리는 발바닥에 다리를 절뚝이며 방으로 돌아왔다. 입안의 바늘구멍에도 일상생활이 삐거덕거리는 나는 동전 크기의 물집을 응당 당해낼 재간이 없다.

 노랗게 죽어간 살점이 날갯짓하며 붉은 속내를 따갑게 찌른다. 손톱깎이로 죽은 살점을 잘라내자 새빨갛게 달궈진 동전이 드러난다. 선풍기 바람에 물기를 제거하는데도 따가운 감각에 온몸이 움찔움찔한다. 마른 살갗 위로 양말을 신는다. 땅바닥과 맞닿은 발바닥 면이 연신 욱신거린다.

그날 밤은 뜨겁게 달궈진 기름에 찬물을 부은 듯 밑바닥의 소란이 멈추질 않았다. 구멍 난 살갗으로 영혼이 빠져나가는 듯했다. 지금 이렇게 작은 물집으로도 새벽을 지새우면서 그동안 붉어진 눈을, 심지어 그것을 둘이나 가지고서 어떻게 긴긴밤을 달래왔던 걸까. 조용히 두 눈을 감는다. 둥그런 고통이 잠잠해지길 바라면서.

사대 욕구

인간에겐 3대 욕구가 있다고 한다. 식욕, 성욕, 수면욕. 나는 셋 다 센 편인데, 개중에는 수면욕이 가장 높은 듯싶다. 그런데 이 세 욕구만큼 큰 것이 있으니 바로 '대화욕'이다. 내 친구 대화(대화라는 이름의 친구가 있다)를 욕하겠다는 건 아니고, 누군가와 대화하고 싶은 욕구다.

이 욕구는 술을 마시면 그 정도가 커지는데 이를 달래기 위해서는 많은 자제력이 필요하다. 막걸리 한 병을 비웠을 즘 찾아오는 이 무력함과 공허함. 오늘 같은 밤, 내게 찾아온 욕구는 대화욕이다. 주저리주저리 떠들고 싶은 마음을 참기 위해 책을 읽어도 보고, 유튜브에서 재미난 영상을 찾아도 보고, 킬링 타임 영화를 틀어도 보지만 어쩐지 재미가 없다. 일방통행의 소통으로는 풀리지 않는 욕구가 있다.

대화는 일방향이 아닌 쌍방향이다. 핑퐁이자

티키타카, 3대 2의 펠레 스코어이자 51대 49의 박빙 점유율이다. 어쩌면 이러한 고독감을 느끼기 위해 술을 마시는지도 모른다. 몰라서 마시고, 마셔서 모른다. 이렇게 또 주정이다. 새벽의 불상사를 막기 위해서라도 핸드폰은 이불 속 깊숙이 던져두고, 남은 김치찌개에 막걸리 한 병을 마저 비우고 곤히 잠에 들어야 한다······.

    오늘 밤 갈 곳 없는 눈동자를 잡아두기 위해 틀어놓은 영화는 박희순, 고창석 주연의 「맨발의 꿈」이다. 유치해서 재밌고, 유치한데 슬프다. 종국에는 눈물을 훔칠 것을 알아 또 한 번 이 영화를 본다. 익히 알고 있는 대사를 혼잣말로 따라 하고, 원광의 엉터리 외국어에 혼자 깔깔댄다. 그렇게 오늘 밤은 영화를 보며 일방향의 쓸쓸한 대화를 나눈다.

웃지 않는 연습

요즘엔 웃는 날보다 우는 날이 많다. 영화를 보다가, 책을 읽다가, 길을 걷다가, 밤거리를 뛰다가, 명상을 하다가, 샤워를 하다가, 심지어는 자다 깨어서 운다.

단, 남몰래 운다. 혼자 울 때는 우는 얼굴을 숨기지 않아도 되니까. 선호하는 나만의 울음 스폿이 있다면 아무래도 욕실이다. 그곳에 들어가 있으면 그 누구도 함부로 문을 열고 들어오지 못하니까. 혼자 코인 노래방을 찾아 밀폐된 공간 안에서 삑사리가 나든 말든 록 발라드를 부르며 고음을 지르고, 힙합 음악에 어설픈 랩을 뱉어내는 것도 이와 비슷한 심리일 테다. 커다란 음악 소리에 안심하고 목소리를 내뱉듯, 샤워기에서 뿜어져 나오는 물줄기 사이로 눈물을 섞여 보낸다.

우는 날이 많아졌지만 웃는 날도 있다. 대부분 영화를 보며 혼자 피식 웃음이 삐져나오고 주위를 둘러보며 귀여운 장면(어린아이가 한 손을 들고 횡단보도를 건넌다거나 길고양이가 골목길 한가운데 떡하니 자리하고 있는)에 조소를 터트리는 것에 불과하지만 나름 웃고 산다. 가끔가다 동네 친구들을 만나 웃음을 크게 터트릴 때면 웃고 있는 내 모습이 어색하게 느껴지기도 한다.

돌아보면 예전엔 웃을 일이 참 많았다. 웃음 장벽이 낮아 허허실실 웃고 다니는 탓에 쉽게 오해를 사기도 했고, 경박한 웃음소리를 자주 지적받기도 했는데 그런 시절이 전생의 일처럼 까마득하다. 이제 나의 웃음은 기능적인 역할만을 담당하고 있다. 누군가 잘 지내냐는 안부를 전해오면 사람 좋은 얼굴을 하고서 별일 없이 잘 지낸다고 답하듯이.

웃으면 복이 온다는 말, 웃을수록 건강해진다는 말은 내게 맞지 않는 말이다. 오늘의 난 웃을수록 자신을 좀먹는다. 지금 나에게 필요한 건 웃지 않는 연습이다. 웃음으로 상황을 무마하지 않고 정당한 요구를 할 수 있어야 하고, 정중한 거절을 할 수 있어야 한다. 아무 감정 없이 습관적으로 보내는 [ㅋㅋㅋ] 타자를 치지 말아야 하고, 해명 대신 설명을 할 수 있어야 한다. 그러니까 도구로서 웃음을 활용하지 않으면서 어색함을 이겨낼 수 있는 방법을 찾아야 한다.

표정 없는 표정도 표정일까. 표정 없는 얼굴도 얼굴일까. 활짝 웃는 데 연습이 필요하듯 웃지 않는 데도 연습이 필요하다. 모두에게 사랑받고 싶어 하는, 그 무거운 마음을 잠시 내려두고 조금은 삐뚤어져도 좋을 텐데. 어쩌면 웃지 않는 연습은 진짜 내가 되는 연습일지도 모른다. 이제라도 가짜 웃음을 멈추고 진짜 웃음을 찾아야 한다. 거울 속에 비친 무표정의 나를 바라본다.

나에 대해 몰랐던 사실

 오늘 처음 본 이비인후과 의사는 손도 작고 입도 작고 발도 작은 나더러 편도가 크단다. 무언가를 먹고 무언가를 내뱉는 동안 한 번도 인지하지 못한 편도라는 존재. 진료를 마치고 나와 병원 엘리베이터 거울 앞에서 아, 하고 소리 내어 목구멍 안을 들여다본다. 목젖 옆으로 땡땡 부어오른 편도가 보이고 왼쪽 편도엔 하얀 염증이 피어있다. 저 하얀 것이 지난밤 나를 사지로 몰아세웠던 원흉이다. 밤새 피워 놓은 모닥불 같은 고통, 꺼지지 않는 긴 악몽, 도저히 꺼낼 수 없는 말, 영원히 반복되는 검은 파도…… 입천장에 난 혓바늘을 대하듯 알보칠로 혼쭐내주고 싶지만 얄궂은 편도는 손 닿지 않는 곳에서 제 주인을 약 올리듯 달랑거리고 있다.

잠든 얼굴

자는 동안 무호흡 증세가 심해졌다. 지난 연말 편도염을 앓고 난 후로 비대해진 편도 때문이라고 생각하지만 연초의 잦은 음주가 원인일지도 몰랐다. 요가원에서 조용히 누워있어야 할 시간에 무호흡증으로 숨이 막혀 컥컥 소리를 냈다. 처음엔 수련을 열심히 해서 선잠에 들어 코를 곤다고 생각했는데 아니었다. 기도가 좁아진 탓에 나타나는 수면무호흡이었다. 때문에 주간 졸림증도 심해졌다. 충분한 시간을 잤음에도 하루 종일 이상할 정도로 피곤했다. 자고 일어나면 입안은 바짝 말라 있고 혓바닥은 쩍쩍 갈라진 가뭄철의 논처럼 건조했다. 일과 시간에는 느닷없이 잠이 쏟아지곤 했는데, 오늘도 책상 앞에 앉아 꾸벅꾸벅 졸고 있는 나를 발견했다.

이대로는 안 될 것 같아. 이렇게 하루하루를 낭비할 순 없어. 연신 고개를 땅으로 떨구고 있는 내게 말했다. 인터넷 창에 수면 무호흡, 주간 졸림증과 같은 증세를 검색해 그 원인과 치료 예방법에 관해 살폈다. 편도 절제술을 추천하는 광고성 글이 자주 보여 이대로라면 정말로 편도를 잘라내야 하나 싶다가도 주사 한 방 맞는 것도 무서워하는 내가 신체 일부를 도려낸다는 건 도무지 상상이 되지 않았다. 기도에 지속적으로 압력을 넣어 자는 동안의 호흡을 수월하게 해준다는 양압기가 있었지만 가격대가 만만치 않았다. 건강보험이 적용되어 비교적 저렴하게 대여를 할 수 있다곤 하는데 과정이 번거로워 보였다.

결국 나는 소극적인 방법으로 수면 무호흡을 대하기로 했다. 비강을 확장해 주는 노즈 훅과 입벌림 방지 밴드를 주문한 것이다. 자는 동안 콧속이 좁아져 코로 원활하게 숨을 쉬지 못해 이에 대한 보상 작용으로 입을 통해 호흡하는 것인데, 비대해진 편도가 기도를 막아 폐쇄성 수면 무호흡 증상이 나타나는 것이라고 이해했기 때문이다. 어느 글에선 정자세로 자면 기도가 좁아져 무호흡 증세가 심해진다며 옆으로 자는 수면 자세를 권하기도 했다. 옆으로 누워서 자면 척추와 목 근육에 좋지 않다고 했는데, 안쪽의 목 건강을 위해서는 바깥쪽의 목 건강을 희생해야 하는 제로섬 게임이 시작되었다.

그렇게 어젯밤에는 모로 누워 새우잠을 잤다. 새벽에 뒤척이며 잠깐 눈을 떴을 땐 평소보다 혓바닥이 촉촉했다. 잠결에 수면 자세를 바꿨을 뿐인데 숨 쉬는 게 정말 나아졌나, 하며 신기해했다. 나는 졸린 눈으로 선반에 놓여 있던 캠코더를 켜 머리맡에 두었다. 자세에 따라 호흡 상태가 바뀌는지 두 눈으로 확인해 보고 싶었다. 녹화 버튼을 누르고 다시 눈을 감았다.

아침에 일어나 얇게 뜬 눈으로 캠코더부터 확인했다. 3시간 50분째 녹화되고 있는 화면을 끄고 영상을 재생했다. 작은 스크린 안의 나는 암흑 속에서 잠깐 핸드폰을 만지작거리다 곧 잠에 들었다. 옆으로 누워서 잤기 때문일까, 새근새근 숨소리만 들려오는 새벽의 방은 고요했다. 자세를 바꾸길 기다리며 4배속으로 영상을 재생하는데 이불 위로 아침 햇살이 빠르게 내려앉았다. 그 장면은 마치 노련한 영상 촬영 기법처럼 보였다.

얼마 뒤 나는 몸을 뒤척이더니 천장 쪽으로 방향을 틀었다. 배속을 멈추고 정속으로 영상을 재생했다. 신기하게도 자세를 바꾼 지 10초도 되지 않아 무호흡증이 시작됐다. 영상 속의 나는 목구멍에 무엇인가 걸린 듯 어떤 신음과도 같은 거친 소리를 불규칙적으로 내뱉었다. 커억, 컥! 커어억… 커걱! 입을 벌리고 자는 무구한 얼굴 안으로 속은 타들어가는 듯했다. 조용했던 방에 불규칙한 소음이 울려 퍼졌다.

다시 재생 속도를 높였다. 어떤 꿈을 꾸는지 몰라도 감은 눈 안으로 열심히 눈알을 굴리고 있었다. 너, 설마 자는 동안에도 주변의 눈치를 살피고 있는 거니? 자고 있는 내 모습이 몹시 괴로워 보였다. 잠든 얼굴이 이렇게 안쓰러워 보일 수 있다니…… 얼마 지나지 않아 나는 벽이 있는 쪽으로 다시 몸을 돌렸다. 정지 버튼을 누른 것처럼 일순 거칠었던 숨소리가 잠잠해졌다. 나는 영상이 끝날 때까지 그 자세를 유지했다.

이렇게 내가 자는 모습을 빤히 쳐다보고 있는 건 이번이 처음이었다. 어릴 적 친구들이 술에 취해 뻗어 있는 모습을 사진 찍어 보여준 적은 있었지만 영상으로 오래도록 살펴보는 건 생소한 일이었다. 깊게 잠든 생명체의 얼굴을 보고 있으면 어떤 이유에서인지 미안한 마음이 든다. 그것이 평생 거울을 통해 봐왔던 얼굴이라도 말이다. 언젠가 잠에 든 애인의 모습을 오래도록 내려다본 적이 있다. 규칙적으로 오르내리는 가슴께와 조그맣게 늘어나고 줄어드는 콧방울을 아이 보듯 들여다보던 날이었다. 나를 스쳐 간 누군가 또한 나를 그렇게 내려다본 밤의 시간이 있었을까. 나의 잠든 얼굴에서 여러 얼굴이 겹쳐 보였다.

누구나 한 번쯤은

11월 셋째 주 목요일 오후, 홀가분한 표정으로 횡단보도를 건너는 학생 무리가 보인다. 수능 날엔 매년 한파가 밀려오며 덜덜 떨었던 것 같은데, 오늘은 예년보다 따사롭다.

나는 구조화된 한국 사회의 의무교육을 모두 받은 사람이지만 수능을 보지 않았다. 수험생이었던 2012년도에는 무제한 대학 원서 지원에서 여섯 개의 대학만을 선택 지원하게끔 정책이 바뀐 첫해였다. 그에 맞춰 나는 담임 선생님의 지도하에 상향 지원 한 곳과 하향 지원 한 곳, 그리고 내신 성적에 맞는 대학 네 곳에 지원서를 넣었다.

수시로 대학에 지원한 이에게 수능은 무의미한 행사였고 수능 날은 그저 빨간날에 불과했다. 여섯 곳 중 하나는 붙겠지 하는 안일함으로 내신 성적이 반영되지 않는 2학기 때부터는 생애 첫 알바를 시작하면서 남은 고등학생 시절을 보냈다. 불행인지

다행인지 두 곳의 대학에 합격했고 순전히 지리적 위치를 따져 진학을 선택했다. 학과나 전공의 미래 따위는 고려 사항에 없었다. 미련해 보이겠지만 그때의 난 그랬다. 때문에 나는 뉴스로만 수능 소식을 접해봤을 뿐, 실제로 수능과 추운 날씨를 연결시킬 만한 기억이 없다. 그 떨림이 진짜 추위 때문인지, 긴장감 때문인지를 선다형 문제처럼 헷갈려 본 적이 없는 것이다.

당시의 선택이 어떤 결과를 불러일으킬지 전혀 상상할 수 없었던 그 무렵의 나는 하교를 하면 곧장 버스를 타고 남문의 통닭 거리로 넘어가기 바빴다. 그렇게 가게 창고에 책가방을 던져 놓고 오후 다섯 시부터 새벽 한 시까지 일을 했다. 매일 같이 술 취한 어르신을 상대하며 인사하고 자리를 안내하고 닭을 담고 상을 치우고 술을 가져다주며 장승처럼 카운터를 지켰다.

그리하여 수능을 보는 초겨울이 다가왔을 땐 몇 개월간의 노동(학교도 가고 일도 하였으니 일종의 투잡이었던 셈)으로 인해 체력이 약해질 대로 약해진 상태였다. 집으로 돌아와(심지어 택시비를 아끼려고 그 새벽에 집까지 50분 넘게 걸어왔다. 그러면 당시 시급보다 많은 오천 원을 아낄 수 있었다) 기름 냄새를 열심히 씻겨내고 이부자리를 펴면 시계는 새벽 세 시를 가리키고 있었다.

 몇 시간 눈을 붙이고 일어나 비몽사몽 학교에 가면 책상을 침대 삼아 4교시 내내 잤다. 야, 급식 먹어. 친구의 부름에 깨어나 침을 닦고는 입속에 밥과 반찬을 꾸겨 넣었다. 수능을 준비하는 애들이 많았으므로 교실 문과 가장 먼 곳에 앉아 친구들과 선생님들의 눈치를 살펴 가며 조용히 잠을 보충했다. 종례를 하면 또다시 버스를 타고 닭집으로 향했고 하차할 때가 돼서야 잠에서 깨곤 했다. 아무리 혈기 왕성한 십 대라도 체력에는 한계가 있는 법이었다.

 이러한 나날을 보내던 중 수능이 다가왔다. 시험이 치러지던 날은 학생 신분을 핑계로 알바까지 뺐으니 모처럼 만에 온전한 쉼을 얻게 된 하루였다. 쪽잠을 자고 일어나 수능을 보러 가야겠다는 생각보다 이렇게 피곤하고 추운데 굳이 시험장까지 가야 하나? 라는 생각이 먼저 스쳤다. 한숨이라도 더 자야겠다는 순진한 생각에 결국 시험장으로 배정받은 고등학교에 가지 않았다. 그때 취했던 숙면은 지금 생각해도 달콤하긴 달콤했을 것이다. 심지어 나는 친구들이 수학 시험을 풀고 있을 시간에 느지막이 일어나 혼잣말로 수능에 순응하지 않았다, 하며 우스갯소리를 뱉었던 기억도 난다.

십여 년이 지난 어느 겨울, 상기된 표정의 학생들을 보고서 그동안 성인이 된 이래로 11번의 수능이 지나왔음을 따져보게 되었다. 그리고 당시에도 지금도 수능이란 두 글자에 시큰둥한 이유를 떠올려 보았다.

나는 누군가 일생일대의 기회라고 생각하는 등용문을 통과해 본 적이 없다. 그렇기에 하나의 관문을 넘기 위해 지난한 노력을 해 본 기억도 없다. 수능에 대한 직간접적인 기억이 없을뿐더러 그들이 느꼈을 부담감을 이해해 보려는 시도조차 하지 않은 것이다. 어쩌면 꿈꾸는 대학교에 입학하기 위해, 원하는 학과에 지원하기 위해, 높은 성적을 얻기 위해 노력하는 모습을 은연중에 딱하게 여겼는지도 모른다. 오늘날 멀리하려는 삶의 태도를 그때에는 너무 쉽게 했다. 이렇듯 난 또래들이 흔히 해봤을 경험 중 안(못) 해본 것이 많다. 이를테면, 수능 시험이나 건강검진 같은 것들. 그리고 사랑과 결혼, 그 이상 너머까지도.

열아홉의 나는 수능으로부터 도망쳐 잠을 택했고, 서른이 넘은 지금까지도 제대로 된 건강검진 한 번 받아본 적이 없다. 진득하게 회사 생활을 이어온 적이 없으니 사내 복지로 주어진다는 건강검진을 받았을 리 만무하고 나라에서 무상으로 지원해 준다는 검진도 시기를 놓쳐버렸다.

이쯤에서 내게 질문을 던진다.

나는 진정으로 무언가를 갈망해 본 적이 있는가? 이토록 무지몽매한 자에게 사랑은 어떠한 의미로 다가오는가?

한 번은 자주 찾는 독립서점에서 사랑을 주제로 기획전을 연 적이 있다. 입고된 독립출판물 중에서 사랑에 관한 글귀를 골라 포스터를 만들어 벽면을 수놓은 것인데, 나의 문장은 거기에 없었다. 전시를 기획하고 그 내용을 꾸미는 일은 주인의 소관이므로 별생각 없이 다른 이들의 문장을 살펴보며 공감이 가는 구절에 고개를 끄덕이고 있는데 상대 쪽에서 먼저 말을 걸어왔다.

"택민 글은 없죠? 책을 몇 권 살펴봤는데, 택민 글에는 사랑에 대한 글이 없는 것 같더라고요."

친분이 있는 사이지만 내 책 속 문장을 전시에 포함하지 않은 것이 미안해서였는지, 정말 나의 문장에는 사랑을 내포하는 글귀가 없었던 것인지는 알 수 없는 일이지만, 그가 건넨 말은 한동안 나를 생각에 잠기게 했다.

아, 나는 사랑을 쓰지 않는구나.

아, 나는 사랑을 표현하지 않는 사람이구나.

사랑을 말할 때 사랑이라는 단어를 사용하지 않아야 한다는 어느 작가의 말을 염두에 둔 것은 아닐 테고. 그동안 나는 사랑 자체를 논하지 않았구나 싶었다. 이러한 생각은 '나는 무언가를 사랑하며 살아가고 있나?'를 넘어 사랑을 했나, 했었나, 할 수 있나? 까지 이어졌다. 학창 시절 내내 짝사랑만 하던 철부지 어린애는 대학생이 되어 스무 살 풋사랑을 경험했고, 입대 전엔 쓰라린 외사랑을 했으며, 전역 후엔 길고 짧은 연애들을 반복했다. 지리한 사랑싸움을 하고, 함께 일상을 나누며 종종 여행을 떠났고, 쉽게 결혼을 입에 올리기도 했다.

그건 그렇고, 난 정말 사랑을 했나?

사랑은 많은 단어로 치환된다. 서로 다른 두 사람이 만나듯 양가적인 감정으로.

질투와 경외, 집착과 멸시. 결핍과 성애, 침묵과 수다. 포효와 포옹, 체념과 결심. 늦잠과 산책, 경멸과 측은. 불안과 애착, 믿음과 방심……

김현식의 노랫말처럼 그 흔한 사랑 한 번 못 해 본 사람, 그 흔한 사랑 너무 많이 한 사람이 나다.

사랑, 사랑, 사랑. 그동안 나는 사랑을 입에 올릴수록 사랑이 닳아 없어진다고 생각했을까. 사랑을 값비싼 아이스크림처럼 야금야금 퍼먹다 보니 사랑은 어느새 입안의 사탕처럼 녹아버렸다. 사랑의 경중만을 따지다 보니 그 무게에 눌린 사랑은 납작해져 버렸다. 본래의 모습이 사라지고 변해도 사랑은 사랑일까. 한 사람 떠나보내고 다른 한 사람 맞이하여도 사랑을 사랑이라 부를 수 있을까.

갈수록 여름은 길어지고 겨울은 늘어지는데,
내년 수능 날도 오늘처럼 따스할까?
아무래도 지금껏 그래왔던 것처럼 나와는 상관없는 일일 것만 같다.

인연의 가름끈

23년도 1월부터 수원 인근의 독립서점에서 독서 모임을 진행해 오고 있다.

당시 독서 모임을 진행하던 분이 개인적인 사정으로 그만두게 되었고, 책방의 정체성을 유지하기 위해 모임을 계속 이어가고 싶었던 지기님은 평소 책방에 와서 커피 한 잔을 시켜놓고 줄곧 책을 읽는 내게 다가와 "택민님, 독서 모임 한 번 해보시지 않으실래요?"라며 넌지시 제안을 건네온 것이 모임을 시작하게 된 계기였다.

지난여름에는 1년 반 가까이 정기적으로 모임을 찾아 주시는 두 분과 처음으로 사석에서 만남을 가졌다. 모두 수원에 거주하는 분들이어서 시간 맞추기가 어렵지 않았다. 우리는 행궁동에서 솥밥을 먹고 근처 레코드 샵으로 이동했다. 밀맥주 두 병을 주문하고 이층에 자리를 잡았는데 맥주 한 병을

다 비울 동안 다른 한 분이 올라오지 않았다.

얼마 뒤 상기된 표정으로 LP가 바리바리 든 봉투를 가지고 올라온 그가 말하길, 여러 종류의 LP를 살펴보다가 사장님께 빌 에반스 앨범은 없냐는 질문을 던졌더니 그가 반색하며 "빌 에반스는 인터플레이가 최고지!"하고 응수하는 바람에 이야기가 길어졌다는 것이었다. 평소 독서 모임을 갖던 중에도 음악이나 만화 얘기가 나오면 눈빛이 반짝반짝 빛나던 그였기에 공통의 관심사로 사장님과 이야기를 나누며 어린아이처럼 즐거워했을 그의 모습이 눈앞에 선하게 그려졌다. 이날 우리가 나눈 대화는 모임 때와 별반 다르지 않았으나 몸을 덥히는 은근한 취기 덕분에 평소보다 짙은 농도의 대화가 오갔다.

자리가 끝나고 레코드 샵을 빠져나왔을 때 후텁지근한 기운에 우연히 7년 전의 기억이 떠올랐다. 그날도 지금 같은 한여름이었다. 친구와 나는 근처 한옥 카페에서 코코넛 커피를 마시며 '책을 편식하지 않는 사람들'이란 이름으로 북클럽을 만들어보자며 한창 열을 올리고 있었다. 이제 막 독서에 취미를 붙이기 시작한 우리는 책을 읽고 난 후의 감상을 나눌 수 있는 자리를 원했지만, 부족한 독서력에 주눅이 들어 소모임에 들어가기를 망설이고 있던 터였다. 그럴 바에는 우리가 직접 모임을 만들어 보자는 말이 나오기도 했는데, 이런 즉흥적인 제안이 으레 그렇듯 계획은 흐지부지 잊히고 말았다.

시간이 흐른 지금, 책편사는 1인 출판사명이 되었고(책편사의 뜻은 책을 편식하는 사람들로 바꿨다), 나는 독서 모임을 진행하는 모임장이 되었지만 북클럽을 함께 도모했던 친구와는 연락이 끊긴 지 4년이 넘어가고 있다. 속초 앞바다가 내다보이는 벤치에 앉아 문우당 서림에서 고른 책을 읽으며 서로의 사사롭고도 내밀한 이야기를 공유했던 그와는 이제 가벼운 안부조차 묻지 못하는 사이가 되어버렸다.

집으로 가는 버스 안, 아무 일도 없었다는 듯 그에게 연락해 볼까 싶다가도 이내 액정 화면의 메시지 창을 엄지로 쓸어 올렸다. 간간이 들려오는 소식으로 미루어 보아, 그는 이제 더 이상 책을 가까이 두지 않는 것 같았고, 무엇보다 그 시절 사이에 끼워두었던 우리 인연의 가름끈도 그대로 굳어버렸을 것만 같았기 때문이다. 하긴, 한때는 자연스레 외우고 다녔던 그의 연락처도 이제는 어디에 꽂혀 있는지조차 알 수 없는 책처럼 까마득했다. 생각해보면 책의 낱장은 하나의 인연일지도 모를 일인데, 나는 그동안 책장을 너무 쉽게 찢고, 접고, 꾸기며 지내온 것만 같다.

잘할 수 있다

시리가 가고 보라가 왔다.

시리는 내가 종종 일손을 도와주고 있는 통닭집 알바생으로, 3년째 한국에 머물고 있는 미얀마 출신의 대학생이었다. 시리는 나와 농담을 주고받을 정도로 한국어 실력이 뛰어났는데, 일머리도 좋아 알려준 것을 몇 번 해보고는 그 이후로 별 어려움 없이 척척 해내는 친구였다. 가게를 오픈했을 때부터 반 년 정도 자리를 지켰던 시리는, 대학원 진학과 함께 서울로 거처를 옮기면서 가게에서는 새로운 직원을 구하게 되었다.

나는 사장님의 호출을 받아 시리에게 그랬던 것처럼 새로운 알바생 교육을 맡게 되었다. 그의 이름은 보라였고, 시리가 자신의 본명을 한국식으로 변형한 이름이었다면 보라는 본인이 좋아하는 배우의 이름을 따서 지은 이름이라고 했다. 그만큼 한국 드라마에 관심이 많은 스물한 살 베트남 청년이었다.

그는 아직 한국 생활이 길지 않아서인지 시리에 비해 한국어가 많이 서툴렀다. 타지에 와서 노동하는 기분을 나로서는 알 수 없었지만, 외국을 여행하며 언어의 장벽에 여러 번 부딪혀 본 기억을 떠올리며 보라에게 출근 이후 해야 할 일들을 마치 조카를 대하듯 쉬운 단어로 바꿔 말하고 바디랭귀지를 섞어가며 설명했다. 홀에 앉은 손님에게 세팅 나가는 순서를 일러 주고 닭이 튀겨져 나오면 토막 난 조각들을 분류하는 법에 대해 알려 주었다. 어떤 음식을 어떤 접시에 담아야 하는지, 포장 손님에게는 무얼 챙겨 드려야 하는지 설명했다. 시범을 보이고 같이 해보다가 혼자서 하는 모습을 뒤에서 지켜보았다.

한바탕 저녁 시간이 지나가고 손님이 뜸해질 무렵, 보라는 내게 다가와 펜과 종이를 쓸 수 있겠냐고 물어왔다. 서랍에 있던 이면지 하나를 뜯어 펜과 함께 건네자, 그는 빈 테이블에 앉아 본인이 해야 할 일과 해야 할 말을 일목요연하게 적어내기 시작했다. 자신만의 매뉴얼을 만들고 있는 듯했다.

먼발치에서 흘겨본 종이에는 어느 부분은 한국어로, 어느 부분은 베트남어로 적혀 있어 메모한 것들을 모두 이해할 순 없었지만 맨 아래 적힌 다섯 글자는 똑똑히 알아볼 수 있었다.

잘할 수 있다.

그리고 그 뒤에 자그맣게 칠해진 검정색 하트까지도(♥).

그 모습을 말없이 지켜보는데, 내 스스로가 너무 한심하게 느껴졌다. 기본적인 회화를 알아듣지 못하는 보라의 모습을 답답해하며 닭을 튀기고 있는 사장님에게 아직 한국말이 많이 서툰 것 같다고 속엣말을 건넨 얼마 전의 행동이 생각났기 때문이다. 그때 사장님은 전부가 완벽하지 않아도 좋으니, 가게 안에서 자주 사용하는 표현을 익힐 수 있게끔 도와주라고, 그것만으로도 괜찮을 것이라고 했다. 보라는 출근한 지 한나절도 되지 않았지만 이곳에서 행해지는 루틴을 파악하기 위해 제 나름의 노력을 하고 있었을 텐데, 나는 그 마음도 모르고 속으로 불만을 품었던 거다.

정작 나라는 놈은 모국어를 사용하면서도 나의 감정을 글로 표현하는 데 애를 먹고 있었으니, 나야말로 늘 사용하는 단어들로만 문장을 엮어내고 있던 게 아니었을까. 보라는 이미 고향을 떠나와 자신의 세계를 넓혀가고 있었을진대 규모를 키우는 일에 두려움부터 앞서는 우물 안 개구리가 무얼 알려주겠다고 어른인 척 행세를 부렸던 건지.

그로부터 한 달이 지난 후, 시골통닭을 한 마리 포장하기 위해 가게에 들렀을 때 누구보다 능숙하게 손님을 응대하고 있는 보라를 마주했다. 그는 제법 바빠 보이는 상황 속에서도 나의 주문을 받아주었고 기다리는 동안 심심하지 말라며 테이블 위에 뻥튀기를 한 접시 내어주기도 하였다. 나는 그 모습이 신기하기만 해 작게 웃음을 터트렸다. 그는 정말이지 본인이 적어내었던 대로 본인의 일을 잘해 나가고 있었다.

진짜든 가짜든*

저는 진짜 글을 쓰고 싶어요.
테이블 위에 맥주잔을 턱 내려놓으며 말했다. 이 말을 하기까지 채 일 년도 걸리지 않았다.

*

올해(2024)는 윤년이었다. 4년 전 2월, 코로나 바이러스가 창궐하기 시작했을 무렵의 나는 앞으로 전 세계를 뒤흔들 팬데믹 상황을 인지하지 못한 채 자기만의 고민에 빠져있었다. 퇴사를 결심했던 그날도 마스크 없이 1호선 2량에 앉아 이어폰에서 흘러나오는 기리보이와 재키와이의 「호랑이 소굴」을 들으며 호랑이 소굴로 향하고 있었다.

코로나 시국 직전 해, 처음으로 회사라는 곳에 다니게 되었다. 면접에 합격하고 서울로 출퇴근을 하고, 사원증과 명함을 갖게 되고, 매달 5일 월급을 받았지만 왜인지 모르게 초조하고 불안했다. 월말이 아닌 월초에 봉급을 주는 건 회사 재정 상태가 나름 안정된 거라는 누군가의 말을 듣고 속으로 그렇군, 고개를 끄덕였고 그 돈으로 퇴근 후 곱창에 소주를 기울이며 직장 생활에 대한 노고를 갓 입사한 친구들과 경쟁하듯 털어놓았다. 그럴수록 나는 더욱 초조하고 불안해졌다. 그 시기의 나는 여러 방면에서 오류가 있고 나사가 빠진 상태였다.

당시 스타트업이었던 회사는 매트리스와 베개 같은 침구류와 중국제 전자기기를 판매하는 혼종 기업이었다. 쉽게 말해 타 업체에서 만든 제품에 라벨 갈이를 하여 새 브랜드로 둔갑시켜 판매하는 인터넷 쇼핑몰이었다. 그곳에서 나의 업무는 온라인 바이럴 마케팅으로, 블로그나 카페 같은 곳에 침투하여 자사 제품을 입소문 내는 일이었다. 입사지원서에 작성한 [유통 경영학 전공/ 창업학 부전공]이라는 항목과 자기소개서에서 강조한 수년간의 블로그 운영 경력이 크게 작용한 것이었다.

첫 출근을 하고 당황했던 점은 면접 때 했던 이

야기와 다르게 4명의 직원이 돌아가며 CS 직무를 맡아야 한다는 점이었다. 여러 제품의 특징을 숙지하고 업무 프로세스를 익히는 처음 몇 주간은 고객 응대 업무에 투입되지 않았지만, 적응 기간을 마친 후에는 회사로 걸려 오는 전화를 하루 동안 전담하여 받아야만 했다. 전화가 오지 않을 때는 온라인 문의를 혼자서 처리해야 했는데, 답변하는 사이 또 다른 문의가 들어오고, 까다로운 질문을 응대하고 나면 더 골치 아픈 전화를 받게 되는 식이었다. 운이 나쁘게도 고객 문의가 산처럼 쌓여있는 월요일에 CS 업무 차례가 돌아오는 경우에는 금요일 퇴근길에서부터 주말 내내 은근한 신경통에 시달리곤 했다.

전화기의 요란한 벨 소리는 늘 사무실을 경직시켰다. 침구류와 전자기기를 판매하는 각각의 온라인 스토어가 같은 번호를 사용하고 있던 터라, 여느 고객센터처럼 "안녕하세요, *** 입니다. 무엇을 도와드릴까요?"라며 응대하지 못하고 "네, 전화 받았습니다."와 같은 딱딱한 멘트를 내뱉을 수

밖에 없었다. 제품에 대한 정보를 묻는 전화도 있었지만 대다수의 전화는 클레임을 비롯한 반품 요청, 배송 지연에 대한 문의가 많았기에 우리의 사무적인 응대는 때때로 잔뜩 성이 난 그들 마음에 불을 붙이는 꼴이었다. 때문에 전화를 받자마자 수화기 너머의 상대가 어떤 제품에 대해 불만을 털어놓고 있는지 빠르게 파악하는 게 중요했다. 눈치껏 행동하기. 어쩌면 나도 모르게 상대방의 의중을 파악하고 있는 모습이 이 회사의 사훈일지도 몰랐다.

고객 응대를 한다는 사람이 먼저 회사명을 발설할 수 없는 아이러니는 사석으로까지 이어졌다. 당시 대학을 졸업하고 취업을 하기 시작한 친구들 사이에서는 자신들이 회사에서 맡은 업무가 무엇인지, 본인 연봉이 얼마나 되는지가 주된 화두였는데 나는 쉽사리 대화에 참여하지 못했다. 나조차도 내가 어떤 일을 하고 있는지, 어떤 회사에 다니고 있는지 명확하게 정의 내리지 못했기 때문이다.

매일같이 수많은 문의를 처리하고 유선상으로 얼굴도 모르는 진상 고객들에게 가을 내내 시달린 직원들은 가을에서 겨울로 넘어가는 시기에 입을 모아 고객 응대에 관한 스트레스를 토로했다. 대표는 월간 회의에서 나온 안건을 심각하게 생각하고 반영하겠다며 CS 담당자를 고용하기로 하였다. 실제로 얼마 지나지 않아 인원을 충당해 주었지만 이에 대한 복수라도 하듯 바이럴 업무의 강도가 급격히 높아졌다. 그동안 하루 평균 네 건의 할당량을 채워야 했다면, 바로 다음 주부터는 최소 여섯 건 이상의 포스트를 작성해야 한다는 지침이 내려온 것이었다. 포스트 당 3,000자 분량을, 그것을 여섯 개나 작성한다는 것은 약 2만 자에 가까운 상업성 글을 매일, 그러니까 일주일에 10만 자의 텍스트를 작성해야 한다는 뜻이었다. 그때의 나는 가짜 글을 쓰며 가짜 돈을 벌었다.

나를 비롯한 직원들은 불특정 다수를 상대해야 하는 CS 업무에서 벗어났지만, 반복적인 글쓰기에 점점 지쳐갔다. 이와 달리 시간은 지치지 않고 착실하게 흘러갔고, 푸석푸석한 하루하루를 보내는 와중에도 새해는 찾아왔다. 연초 어느 날엔 직원끼리 신년 회식을 가졌는데, 2차로 찾은 골뱅이 집에서 우리는 회사에 대한 꽤 신랄한 대화를 나눴다. 백골뱅이탕 대짜를 하나 시켜 놓고 찬 소주를 기울이며 요즘 대표의 사업 아이템 선정이 신통치 않다는 둥 사실 대표랑 팀장이 누나 동생 하는 사이라는 둥 친분으로 그 팀장이란 능력 없는 이에게 감투를 씌워줬다는 둥 때문에 업무가 제대로 분할되지 않아 죽어나는 건 우리 같은 사람들이란 식의 이야기가 오갔다.

회사 이야기를 할수록 점점 답답해지는 마음과 함께 취기가 올라온 나는 소주 대신 생맥주 한 잔을 홀짝이며 술기운을 달래고 있었다. 막차가 끊기기 전 전철을 타고 먼 길을 돌아가야 하는 경기도민은 알아서 몸을 사려야 했다. 우리의 사훈이 무엇이었던가. 눈치껏 행동하기! 아무렴 회사원은 사훈을 따라야 한다. 퇴사만이 답이라는, 1년만 채우고 퇴직금을 받아 여길 떠야 한다는 결론에 이르렀을 때 옆자리의 한 직원이 고개를 주억이고 있는 내게 물었다.

"그나저나 택민씨는 퇴사하면 뭐 하고 싶으세요?"

"네? 저요…?"

한참 뜸을 들이다 맥주를 길게 마시곤 잔을 내려놓으며 말을 이었다.

"저는 진짜 글을 쓰고 싶어요. 바이러스 같은 가짜 홍보 글이 아니라, 진짜 저의 글을 써 보고 싶어요."

그로부터 며칠 뒤 나는 연어 샐러드를 먹고 급체를 앓았다. 점심시간에 먹은 샐러드에 속이 얹힌 것이다. 회사 생활을 하면서 점심 먹는 것을 유일한 낙으로 삼았던 나는 부대찌개에 공깃밥을 두 그릇씩 비벼 먹고, 구내식당에 가서도 잔반 없이 식판을 싹싹 비우곤 했었는데, 연어도 몇 조각 없던 풀떼기를 먹고서 체했단 사실에 의구심을 품었다. *이건 속이 안 좋아서 그런 게 아니야. 현실에 문제가 있기 때문에 몸에까지 문제가 나타난 거야.*

활명수를 한 병 사 먹고 엄지와 검지 사이를 누르며 휴게실(회사에서 판매하고 있는 매트리스가 공실에 놓여 있었다)에 누워있었지만 체기는 쉬이 가시질 않았다. 업무시간이 다가왔지만 여전히 묵직한 무언가가 가슴께를 짓누르고 있는 느낌이었다. 팀장에게 양해를 구하고 10분만 더 누워있다가겠다고 했다.

아무도 없는 빈 사무실에 누워 천장을 바라보고 있는데, 가슴 속 무거운 것이 나의 몸을 저 밑으로 가라앉게 만들고 있다는 기분이 들었다. 나는 저항할 수 없는 힘으로 인해 숨을 가쁘게 내쉬었고, 그대로 사지가 굳어버리는 것만 같았다. 내가 꿈꾸던 회사 생활은 이런 게 아니었는데, 이런 게 정말 아니었는데……

아무런 목표도 없이 등 떠밀려 입사한 것이 문제였을까? 그때 나는 결심했다. 결연한 표정으로 사무실 문을 열고 들어가 책상 앞에 앉았다.

"저 퇴사하려고요."

함께 퇴사를 도모했던 직원들과의 단톡방이 활성화됐다. 여기저기서 분주하게 타자기를 치기 시작했다. 나는 한 마디 던졌을 뿐인데, 다들 아주 신이 났다. 불나방이 조명등에 타들어 가듯 타닥타닥 부딪히는 소리는 업무할 때 절대 나올 수 없는 리

듬이었기 때문에 눈치가 보였을 법도 한데, 나의 결심이 적잖이 궁금했던 모양이다. 나는 퍼스트 펭귄이 되겠다며, 퇴사의 바다로 먼저 뛰어들겠다는 포부를 던지고 대표에게 메시지를 보냈다. 대표님, 드릴 말씀이 있습니다.

그동안 끙끙 앓았던 것과는 달리 퇴사 과정은 빠르게 진행되고 간단하게 처리되었다. 면담을 신청한 후 회의실에 대표와 마주 앉아 나의 상황을 털어놓고 그동안 느껴왔던 감정들에 관해 이야기하자 그는 톱니바퀴 부품은 갈아 끼우면 된다는 듯 선선히 알았다고 했다. 오히려 그는 속으로 쾌재를 불렀을지도 모른다. 직원이 먼저 회사를 그만둔다고 선언했기 때문에 실업급여를 줄 이유도 없었고, 마침 당시 매출이 이전 분기보다 낮아지고 있던 시기였으니 말이다. 그렇게 나는 밀가루 뭉치에서 수제비를 떼어내는 것처럼 회사라는 집단에서 너무나도 쉽게 떨어져 나왔다.

*

　퇴사 후 생활은 크게 변하지 않았다. 개인의 삶은 그대로였지만 나를 둘러싼 환경은 거대한 변화를 맞이하고 있었다. 코로나 환자의 급증으로 인해 마스크 착용은 의무화되었고 음식점이며 카페며 대부분의 공중이용시설은 단축 영업이 시행되었다. 세계 각국 국제공항의 셧다운으로 인해 퇴사 후 계획했던 베를린 여행은 무산됐다. 목돈의 일부를 노트북을 사는 데 할애했고, 남은 돈은 밑 빠진 독의 물처럼 생활비로 야금야금 빠져나갔다.

　얼마 뒤 만난 친구에게 퇴사 소식을 전하자, 그는 반색하며 본인의 이야기를 꺼내 놓았다. 자신이 지금 매너리즘에 빠져 있고, 이를 이겨내기 위해 퇴근 후 인디자인 온라인 강의를 듣고 있다는 것이었다. 수업을 듣던 이들 중 몇몇은 본인의 글을 직접 편집하여 책을 내기도 했다는 말을 덧붙이면서 내게 말했다. "택민이 너, 블로그에 올리는 글도 많은 것 같은데, 같이 책 한번 만들어 보면 어때? 편집은 내가 할게. 너는 글을 써 봐. 인쇄 비용도 반

반 하면 얼마 안 될 거야." 그러곤 주변에 찾아보면 독립출판물을 취급하는 독립서점이 있을 거라고, 그곳에서 커피도 마시고 책도 읽을 수 있으니 시간 되면 한 번 가보라는 것이었다. 다음날 곧장 수원 인근의 동네 책방을 찾아 독립출판 코너를 살펴보고는 친구에게 연락했다.

"나, 이거 해보고 싶어."

처음으로 장만한 맥북 프로는 여러모로 유용했다. 애플 전용 문서 앱인 pages의 공동 작업 기능을 활용하여 우리는 보다 수월하게 소통할 수 있었다. 스페이스 그레이 색상에 은빛 사과가 디자인된 매끈한 맥북은 업무 효율만 높여주는 것이 아니었다. 노트북을 카페 테이블 위에 올려 두고 심각한 표정으로(마스크를 써서 집중하는 입이 보이지 않았겠지만) 글 작업을 하고 있노라면, 백수의 삶으로부터 한 발 멀어진 것 같았다. 무언가를 만들어 내고 있다는 생각에 자주 마음이 들떴고, 가짜 홍보 글을 쓰던 어제와는 다른 사람이 된 듯한, 정말이지 진짜 글을 쓰고 있다는 망상에 빠지곤 했다.

그때까지만 하더라도 갈퀴로 낙엽을 긁어모으듯 블로그에 있던 글을 드래그해 워드 파일에 붙여 넣으면 되는 줄로만 알았다. 하지만 내가 끄적인 글들은 정말 끄적인 수준이어서 모바일 속 작은 화면이나 디지털 세상에서나 적합한 호흡이었다는 걸 편집 과정에서 깨닫게 되었다.

당시의 나는 '책은 자고로 두꺼워야 한다'는 고정관념이 있었고, 부족한 볼륨감을 키우기 위해 대학 시절 적어낸 여행기와 그 시기를 사로잡았던 20대의 잡다한 고민을 모두 담아내기로 했다. 때문에 한두 달이면 뚝딱 나올 줄 알았던 책은 생각보다 준비 기간이 길어졌다. 준비 기간이 길어질수록 욕심은 커졌고, 욕심이 커질수록 나의 글로 구태여 책을 만드는 게 어떤 의미가 있는지 하는 의문도 함께 커졌다. 결국 반년이란 시간이 흘러서야 첫 독립출판물이 세상에 나오게 되었다. 머릿속에서만 부유하던 생각들을 하나의 물성으로 만들어내는 과정이 쉬울 리 없다는 걸 그땐 미처 알지 못했다.

*

   다시 돌아온 윤년은 자연스레 지난 4년을 돌아보게 했다. 그 사이 나는 독립출판과 떼려야 뗄 수 없는 시절을 보냈다. 한 해 한 해를 보낸 것이 아니라 윤년이라는 덩어리째로 지나온 것 같기도 하다. 일 년을 한 계절처럼 보내고 나니 스물일곱의 나는 어느덧 서른하나가 되어 있었다. 그렇게 지금 내가 서 있는 곳은 퇴사의 바다를 건너와 새롭게 발을 디딘 독립출판이라는 뭍의 세계다.

   서른이란 언덕을 넘어오던 시기엔 주변의 따가운 눈총을 견뎌야 했다. 너도 얼른 취업을 해야 할 것 아니냐며, 독립출판 활동을 치기 어린 장난으로 바라보는 시선은 애써 외면해 왔었지만, 나를 이해한다고 생각했던 친구가 오프라인 행사에서 책을 팔고 있다는 소식을 듣고 '이거, 돈 되냐는' 식으로 물어왔을 땐 마른침을 삼킬 수밖에 없었다. 그 씁쓸한 뒷맛을 아직도 잊지 못한다.

   이제는 나의 감정을 기록하고 적어내는 일이

그들에게 진짜든 가짜든 상관이 없다. 새롭게 형성된 새로운 관계를 위해, 글의 힘을 믿는 사람들을 위해, 그리고 나를 위해 글을 쓴다. 사유하고 쓰고 남기는 것, 그 모든 과정이 나에게는 진짜다.

나에게 '진짜 글'은 몇 년 뒤에 펼쳐 봐도 괜찮은 글, 그러니까 유행을 좇지 않은 자기만의 글, 느끼하지 않은 글, 자기 합리화하지 않는 글이다. 그런 면에서 여전히 내가 쓰고 있는 글이 진짜 글인지 장담할 수는 없지만, 쓰고 있는 나는 이것이 진짜라고 믿는다. 그리고 그것이 적어도 스스로를 속이지 않는 일이라고 믿는다.

누군가 오늘날 나에게 앞으로 무얼 하고 싶은지 묻는다면, 나는 변함없이 이렇게 답할 것이다.

"저는 진짜 글을 쓰고 싶어요."

---

*책편사에서 출간한 94년생 앤솔로지 『쓸모와 내일』에 수록된 글을 발췌하여 각색하였다.

단기 알바

세 달 동안 쇼핑몰 센터에서 일을 했다. 순전히 중쇄 비용을 충당하기 위함이었고, 계약이 만료될 즘엔 회사 측으로부터 연장 근무를 제안받았지만 괜찮다며 사양했다.

그만둘 무렵 회사에는 큰 변화가 있었다. 일하는 라인에 고가의 기계가 들어섰고 그로 인해 모든 체계가 한순간에 바뀌었다. 팀장은 손 가는 일을 줄이기 위해서라고 설명했지만 어째 더 손이 가는 듯했다. 블루투스 스피커에서 흘러나오던 음악 소리는 유압기 소리에 묻혀버렸고, 자연스레 대화는 단절되어 각자의 귀에는 무선 이어폰이 끼워졌다. 고작 며칠 사이에 일어난 변화였다. 물론 곧 그만두는 나와는 관계없는 일이었지만 이곳에서 나는 어떠한 결정에도 영향을 받지 않는 외부인이란 사실에 속이 쓰렸다. 나는 어디에 속하는 사람일까. 내가 있어야 할 곳은 대체 어디일까.

이곳에선 매일 열두 시 이십 분, 물류센터 내 컨테이너에서 다 같이 점심을 먹는다. 기존 직원들은 식사하며 많은 이야기를 나누곤 했는데 단기 계약으로 들어온 나에게도 관심을 보이며 여러 질문을 던졌다. 대강 답을 하고 넘어가다가 한 질문에서 말문이 턱 막혀버렸다.

택민씨는 원래 뭐 하시는 분이세요?

그러게, 나 뭐 하는 사람이었더라.

올해에 들어서면서부터 나는 해가 이미 중천인 낮에도 잠에서 깨지 못하고, 모두가 잠든 새벽에도 잠들지 못했다. 밤낮 바뀐 생활을 길어지면서 그 어느 시간에도 적응하지 못한 것이다. 그때의 난 아침 일찍 일어나 먹이를 찾는 새도, 밤늦게 활동하는 올빼미도, 그 무엇도 아니었다. 그렇게 심신이 피폐해졌을 무렵 몸 쓰는 일을 시작했다. 면접을 본 곳은 집에서 차로 20분, 구정 전후로 급증한 물량으로 인해 단기간 인력이 필요해진 쇼핑몰의 물류센터였다. 오전에 면접을 보고 오후에 합격 통보를 받은 후 바로 다음 날 출근했다.

아침에 눈을 떠 씻고 냉장고에 있는 마실 거리를 챙겨 나와 차에 시동을 걸었다. 익숙한 망포역과 매탄권선역을 지나 친구가 신혼집으로 얻은 아파트 뒤편 물류창고로 향했다. 근무 10분 전 다 같이 모여 아침 체조를 하고 팀장의 하루 명언을 시작으로 업무를 봤다. 첫 출근날엔 3M 작업용 장갑을 껴도 손이 트고 넥워머를 해도 추웠는데, 마지막 날인 오늘은 외투를 벗고 긴소매의 옷을 팔뚝까지 걷어 올리고 익숙해진 동선을 누볐다. 운전이 어설펐던 수동 핸드 자키는 자동차 핸들만큼이나 자연스러워졌고, 여느 카페의 아이스 아메리카노보다 정수기 냉수에 묽게 탄 G7 퓨어 블랙 맛이 익숙해졌다.

그만두기 전 이틀간은 내가 점심 메뉴를 정하기로 했다. 식사 메뉴를 주도하던 직원이 그래도 마지막이라고 내게 메뉴 선택을 권한 것이다(배달의 민족 함께 주문 기능을 활용해 점심을 시켜 먹곤 했다). 하루는 여러 반찬을 내어주던 밥토리를, 하루는 연어회덮밥이 맛있었던 야미가를 골랐다.

마지막 출근날도 여느 때와 같이 멀찌감치 떨어져 앉아 밥을 먹고 있는 내게 그들은 일 그만두면 무얼 할 건지, 업무도 익숙해지신 것 같은데 왜 연장하지 않는지 이런저런 말을 걸어온다. 언제나처럼 건조하게 대답하고 말았지만 어쩨 오늘은 그런 존재들이 신기하고 고맙기만 하다.

    금요일 저녁 퇴근 시간이 되자 직원들은 짧지만 함께해서 즐거웠다며 내게 작별 인사를 건네왔다. 악수를 청하는 사람도 있었는데, 코팅 장갑을 벗은 그의 손은 봄날의 햇살처럼 따뜻했다. 그동안 고생하셨어요. 잘 챙겨주셔서 감사했어요. 꾸벅 인사를 하고 내리막에 세워진 차에 올라탔다. 시동을 걸고 이제는 내비게이션 없이도 돌아올 수 있는 퇴근길에 들어섰다.

*

    단기 알바 덕분에 무사히 중쇄를 마치고 참가한 그해 서울국제도서전(2024). 행사 마지막 날이었던 일요일 오후, 나는 물류센터에서 함께 일했던

S를 행사장에서 마주했다. 부스를 구경하는 관람객 중에 왠지 모르게 익숙한 얼굴이 보였고, 얼굴을 빤히 쳐다본 탓인지 그가 시선을 느끼고 고개를 들었을 때, 우리는 서로 놀란 기색을 숨길 수 없었다. '어? 당신이 왜 거기서 나와…?'

택민씨! 무슨 일이에요! 왜 여기에 있어요?

저… 이런 거 하는 사람이라서요.

당황하며 늘어놓는 말이 몇 달 전의 물음에 뒤늦게 답하는 듯했다. 반가우면서도 어색한 그에게 직원들의 근황을 물었고, 요즘 아주 더워서 난리도 아니라는 답변이 돌아왔다. 그는 부스에 진열된 책을 꼼꼼히 살펴보더니 두 권의 책을 구매해 주었다. 직원들에게 소식을 전해주고 싶다며 같이 셀카를 찍자고도 제안했다. 아무런 거리낌 없이 먼저 말을 걸고 다가와 준 그의 태도는 여전히 신기하기만 했다. 그리고 나는 그제야 깨달았다. 내가 어떤 일을 하는 사람이었는지는, 내가 과거에 어떤 사람이었는지는 그들에게 별로 중요하지 않았을 거란 사실을.

우리는 어떤 향으로 기억될까

 인센스 스틱을 자주 태운다. 어느 때는 라이터로 불을 붙이고 어느 때는 성냥 불로 불을 붙인다. 같은 마찰에 의해 피어난 불이지만 어떤 불로 태웠느냐에 따라 미묘하게 향이 달라진다. 삶의 어떤 자극은 불같은 화를 부르지만 어떤 스침은 불처럼 뜨거운 열정을 불러일으키듯이. 늦은 밤 샤워하기 전, 성냥에 불을 붙여 인센스 스틱 끝에 가져다 댄다. 불을 끄자 잿빛 연기가 피어오른다. 뜨거운 물로 몸을 덥히고 방으로 돌아왔을 때 스틱은 하얀 재가 된 지 오래였으나, 사라지며 내뿜은 향은 바닥에 놓인 이부자리와 우두커니 서 있는 책장 사이사이로 스며들어 있었다. 손마디만 한 막대기가 저 자신을 태우는 동안 나를 무엇을 했을까. 무엇을 해야 했을까. 생각을 태워 적어내는 이 책 속의 문장들은 당신에게 어떤 향으로 기억될까.

4부

소진의 형식

초록동색

슬픔은 어디에서나 찾을 수 있어.

지금 이 식탁 위에서도. 그러니까 나는 행복을 찾을 거야. 재미를 찾을 거야.

창가 자리에 앉은 이유도 창밖을 바라보는 시선이 재밌을 것 같아서였어.

재미없으면 어떡하냐고? 다른 재미를 찾으면 되는 거지. 해보고 싶은 건 한 번 해보는 거야.

그게 진짜 하고 싶은 거라면, 안되면 될 때까지, 혼자 읊조리며 또다시 해보면 되는 거야.

누구한테 말할 필요도 없고 떠버릴 일도 아닌 거, 너도 알잖아.

내가 가장 잘 알아야 할 사람은 나고, 내가 가장 깊이 살펴야 할 대상은 내 마음이야.

그리고 그 두 녀석은 절대로 도망가지 않으니 전혀 조급할 필요 없어.

중심을 찾아서

안경에 뿌리는 알코올 세정제 스프레이가 있다. 일과를 마치고 돌아온 방에서 처음으로 하는 일은 안경을 벗고 스프레이를 뿌려 잘 듣는 안경닦이로 안경알과 테를 닦는 일이다. 일상의 기름기를 제거하기엔 입김으론 부족하다.

여느 때처럼 안경에 고루 알코올을 뿌리고 스프레이 통을 책상 위에 올려두었다. 그런데 원통형의 스프레이가 균형을 잃었는지, 제자리에서 뱅글뱅글 돌기 시작했다. 잽싸게 손을 뻗었지만 손바닥 위로는 아무것도 떨어지지 않았다. 빙빙 돌던 투명한 원통은 마치 고난도 동작을 마친 리듬체조 선수처럼 가볍게 책상 위에 착지했다.

외부의 힘을 버텨낸 스프레이 통이 괜스레 대견했다. 수련 중 머리 서기를 하며 거꾸로 선 채 아슬아슬하게 균형을 잡던 내 모습이 떠올라서였을까. 아니면, 통제할 수 없는 상황 앞에서 불안에 잠못 이루던 어젯밤이 생각나서였을까. 립밤보다 조금 더 큰 저 통이 뭐라고, 제힘으로 우뚝 선 모습이 마냥 기특하고 갸륵하든지.

뻗은 손을 거두며 제자리를 바삐 맴돌거나 쓰러질 듯 흔들린다는 건 어쩌면 자신의 자리를 찾기 위한 사전 동작일 수도 있겠다고 생각했다. 멀리뛰기 선수가 도약 전 직선거리를 빠른 속도로 달려오듯, 페널티킥 키커가 PK를 처리하기 직전까지 잔발을 치며 상대 골키퍼를 속이려 하듯. 스프레이 통은 빙빙 돌며 균형을 찾았고 나는 나만의 무게 중심을 찾기 위해 부단히 흔들리고 있다.

흔들리고 휘청이는 당신에게

버스가 크게 흔들렸다. 온몸이 휘청였지만 다행히 넘어지지 않았다. 급정거하는 버스에서 중심을 잡을 수 있었던 건 손잡이를 잡고 있었기 때문이었고, 손잡이를 놓지 않을 팔근육을 가지고 있었기 때문이었으며, 그 저항을 함께 이겨낼 수 있는 하체의 힘을 길렀기 때문이었다.

흔들리는 세상에서 나의 하루가 흔들리지 않기를 바라는 건 어린아이의 투정에 불과하다. 그 누가 고작 당신 하나를 위해 흔들림을 멈추려 하겠는가. 흔들림은 누구에게나 만연하고 누군가에게는 이 흔들림이 기회이자 이득이 되므로 흔들림은 앞으로도 멈추지 않을 것이다. 그러니까 우리는 이 끊임없는 흔들림 속에서 넘어지지 않을 방법을 찾아야 한다. 그것을 넘어 흔들림을 이용하고 재미로까지 느낄 수 있다면 더할 나위 없을 테지만 흔들려도 좋다곤 말하지 않겠다. "무플보다 악플이 나아요." 만큼 무책임한 말은 없으니까. 흔들릴 수밖에 없다면, 흔들리는 자신이 싫다면 같이 흔들리거나 흔들리는 삶에 적응하는 방법뿐이다.

 조금은 느려도 괜찮다. 조금은 다르게 흔들려도 괜찮다. 가수의 호응에 맞춰 좌우로 흔드는 사람들의 손은 처음엔 다른 방향으로 움직이지만 이내 조화를 찾곤 하니까. 나를 둘러싼 풍경은 이보다 더 빠르게 격변하는 데도 아직 우리는 이렇게나 잘 견뎌내고 있지 않은가.

품이 든 만큼

 때 이른 장마다. 쉴 새 없이 빗줄기가 창문을 두들긴다. 창문에서 물방울이 맺혔다가 흘러내린다. 나는 새벽 빗소리를 들으며 백지 앞에 앉아 한 글자도 적어내지 못하고 있다. 창밖에선 불꽃이 번쩍인다. 나는 무엇을 쓰기 위해 앉아 있는가. 빈 화면엔 키보드 커서만이 일정하게 깜빡이고 있다. 그 리듬에 맞춰 새벽의 백야를 바라보는 눈이 껌벅인다. 글을 써 내려간다는 건 비 오는 날 창문에 물방울이 맺히는 것처럼, 번개가 쳐서 하늘이 반짝이는 것처럼 자연스러운 일이 아니다. 지난 과거를 들춰봐야 하고, 오늘 하루를 기억해야 하며, 현재의 감정을 직면해야 한다. 그건 분명 품이 들어가는 일이다.

 글을 쓴다는 건 무감각한 하루에 숨을 불어넣는 행위이다. 글을 쓰기 위해선 소재가 필요하다.

소재는 일상에서 찾을 수 있고 그 일상은 주변에서 온다. 지하철 좌석에 앉아 스마트폰만 쳐다보고 슬롯머신을 돌리듯 SNS 화면을 엄지손가락으로 쓸어올리는 건 골몰이 아니다. 매몰이다. 숨을 참고 삶을 살아가는 것과 같다.

전철이 한강을 가로질러 지나갈 때 강물에 비친 햇살에 고개를 들어본 사람은 알고 있다. 단 몇 초 만에 마음이 요동칠 수 있다는 것을. 윤슬이 일순 마음에 들어찰 수 있다는 것을. 한강이 아니어도 좋다. 좀 더 고개를 들어 하늘을 바라보면 어떨까. 비 오는 날이면 어떤가. 빗줄기가 세지 않다면 우산을 접고 비를 맞아도 좋다. 차가운 물방울이 얼굴에 부슬부슬 내려앉는다. 창문에 맺힌 물방울이 내게 다가온 것이다. 그러니까 글을 쓴다는 건 방 안에서 바라보던 풍경을 창밖으로 나가 직접 마주하는 것이다.

글을 쓴다는 건 하루를 마무리하는 행위이다. 누군가는 퇴근길 지하철에서 아이폰 메모장 위에 감정을 끄적인다. 누군가는 카페에서 연필을 쥐고 일기장에 오늘의 이야기를 적는다. 누군가는 컴퓨터 앞에 앉아 하루를 정리한다. 자판을 누르고, 연필을 쥐고, 키보드를 두드리는 건 모두 손가락이 하는 일이다. 손이 문장을 적어내기 위해서는 우선 몸을 일으켜 밖으로 나가야 한다. 발을 움직이고 눈으로 풍경을 바라봐야 한다. 발걸음과 시선이 손끝으로 이어지고서야 비로소 적어낼 수 있다. 손은 맨 마지막에야 움직인다.

    오늘 당신은 하루에 숨을 불어넣을 준비가 되어있는가. 오늘 당신은 하루에 숨을 불어 넣었는가. 그렇다고 글을 쓰기 위해 억지로 숨을 크게 들이쉬거나 목이 아플 정도로 하늘을 올려다볼 필요는 없다. 기록하지 않는다고 잘못 아니고, 글 쓴다고 해서 거들먹거릴 일도 아니다. 그럼에도 분명한 건 글을 쓰면 새로운 시선으로 일상을 바라볼 수 있다는 것이 중요하다. 무언가를 적어내고자 한다면 주변에 관심을 가지고 세상을 보다 사랑스러운 눈으로 바라봐야 하기 때문이다. 글쓰기란 품이 드는 만큼 자신의 시선이 지구 몇 바퀴를 돌고 돌아 언제고 내 품으로 돌아오는 일이다.

일상이 지루해지거나, 하루가 무료해질 때 오늘 하루를 정리해 보는 글쓰기를 해보면 어떨까. 단 한 줄이라도 좋다. 촛불 하나가 두 개가 되고 세 개가 되는 것처럼, 문장 한 줄이 두 줄이 되고 세 줄이 될 수 있다. 그렇게 자기만의 시선으로 자기만의 생각을 적어내면 된다. 자기만의 공간을 하나즈음 가지고 있는 사람은 얼마나 듬직한가. 언제나 마을 입구를 지키고 있는 고목처럼 바라만 보아도 든든한 나만의 공간을 가질 수 있기를 바란다. 그 공간은 책장에 꽂혀 있는 공책의 여백만큼이어도 훌륭하다.

독립출판 코너*

 병혜는 밤의 기차를 타고 아무도 없는 바다로 간다. 타인들 속에서 우리는 서로를 모른다. 그저 물결의 장면을 바라보며 사적인 슬픔에 잠길 뿐이다. 어스름한 아침을 밝히는 동이 튼다. 출렁이는 파도에 빛이 스미는 사이 그것이 사랑이 아니면 무엇일는지.

 해변에서 마주한 사람들의 모양은 제각각. 누군가는 물 밖에서 울며 적당한 농도의 사람이 되어가고, 누군가는 사과를 고르는 마음으로 가깝고도 먼 이름에게 안부의 안부를 전한다. 마음을 안는 마음이 있다고, 사랑이 창백할 수도 있는 거라고…….

 아직 오이를 먹지 않는 사람은 겨울밤의 환상에 빠져 나 잘살고 있나 자문하고, 오늘 밤만 나랑 있자고 말하던 사람은 여전히 오롯이 혼자다. 삶과 사랑, 사람과 상황에 지친 누군가는 잔디와 발자국을 버리며 긴 작별 인사를 건넨다.

 우리는 여전히 못난 마음이지만 추울 때 하나씩 꺼내먹는, 도망친 곳에서 만난 소설 한 권쯤 가지고 있다. 사랑에 온도가 있다면, 그것은 아마도 설국의 여름 정도의 서늘함이겠지.

 다정한 건 몸이 기억하는 말처럼 오래 머무를 테니, 일기를 쓰려는데 아무 일이 없어도 괜찮다. 삶의 겨를마다 마음을 접질려도 좋다. 이토록 작은 세계로도 늘 그랬듯 다시 일어날 수 있다. 사랑이 사랑이기 이전으로. 아무래도 좋은 하루다. 그때 나는 혼자였고 누군가의 인사가 그리웠으니까.

 푸른 용기를 품은 채로 돌아오는 기차에 올라설 때 누군가 나에게 아침 일찍부터 어딜 가느냐고 묻는다면, 나는 또 퉁명스레 말하겠지.

 아, 갈 데가 있어서요…….

---

*고선경 시인의 시 「시집 코너」를 패러디했으며, 출간된 독립출판물 마흔네 권의 제목을 가져와 썼다.
(고선경, 「시집 코너」, 『샤워젤과 소다수』, 문학동네, 2023)

브로콜리밭 바라보기

　대구의 모 독립서점에서 열린 안희연 시인의 낭독회에 간 적이 있다. 대구에 방문한 목적은 온전히 시인을 만나기 위함이었고, 그의 문장들 덕분에 한 시절을 무사히 넘어온 나로서는 수원에서 대구 정도의 거리감은 아무렴 괜찮았다.

　책방에서 마주한 시인 첫인상은 그의 시구절처럼 차분했다. 나는 배려 깊은 목소리를 가까이서 듣고 싶은 바람으로 그의 앞자리에 앉았다. 연예인을 본다는 게 이런 기분일까. 나의 아이돌이 눈앞에 있단 사실에 앉아 있는 다리가 부들부들 떨리고 속에서는 심장이 콩닥콩닥 뛰었다. 낭독회가 시작되기 전 분위기를 풀기 위해 시인이 가볍게 던지는 농담과 일상 이야기마저 좋았다. 어떤 모임이 진행되기 전의 어색한 기운을 즐기는 편인데, 그때의 시간을 어떻게 대하는 지가 한 사람의 많은 면을 보여준다고 믿고 있어서다.

마련된 의자에 모든 인원이 착석하자 낭독회는 시작되었다. 시인은 본인이 골라 온 시를 읽기에 앞서 시를 짓고 제목을 붙이는 마음에 대해 나눠주었다. 특히 시집의 색감과도 무척 잘 어울렸던 표제작의 의미를 풀이해 줬는데, 전해준 여러 이야기 중 사람들에게는 각자의 영혼과 맞닿은 채소가 하나쯤 존재한다는 상상이 마음에 와닿았다. 낭독회를 찾은 우리에게도 본인을 의인화할 수 있는 채소로 이뤄진 무한한 가능성의 밭을 상상해 보고, 그곳에서 무얼 하고 싶은지 떠올려보기를 권유했다. 나는 속으로 다음 주에 있을 독서 모임(마침 이달의 지정도서는 『당근밭 걷기』였다)에서 이를 활용해 보면 좋겠다고 생각했다.

낭독회를 들으며 문득문득 떠올린 나만의 세계는 브로콜리밭 바라보기,였다. 브로콜리를 떠올린 이유는 별거 없었다. 브로콜리는 마치 가수 카더가든처럼 여러 이름으로 불리곤 하니까.

부르크리, 브르골리, 부로커리, 브로리, 브루쿠라, 블로케리, 보더콜리, 부룩걸이, 뽈로콘, 불로초, 보리꼬리, 브로커…….

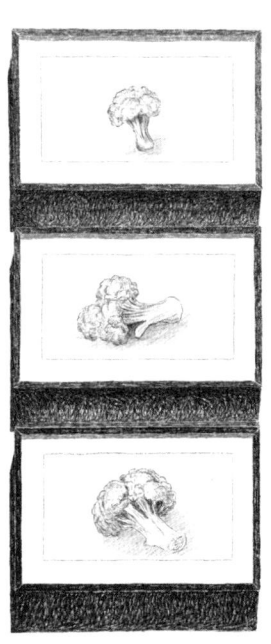
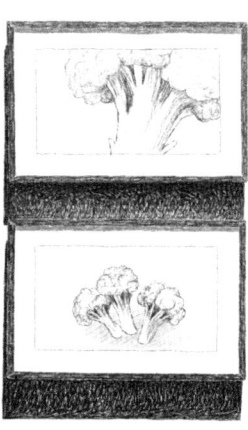

브로콜리는 재밌는 식감과 독특한 생김새를 떠나 여러 이름으로 명명되는 특징만으로, 겉으로 드러난 모습은 같지만 누구를 만나는지에 따라 다른 가면을 착용하는 나와 비슷한 면이 있다고 생각했다. 본질은 같으나 부르는 이에 따라, 어떻게 불리는지에 따라 이름이 달라지는 속성. 내 안의 여러 모습들도 틀림이 아니라 다름이 되어 여러 이름으로 불렸으면 하는 바람도 있었고, 나조차 알 수 없는 수많은 면을 있는 그대로 바라보고 싶은 마음으로 브로콜리로 뒤덮인 풍성하고 건조한 초록색 밭을 상상했다.

*

8월의 독서 모임에선 각자의 채소와 그 세계에서 무얼 하고 싶은지 나누며 대화의 물꼬를 텄다.

토마토밭 밟아 으깨기

옥수수밭 산책하기

양배추밭 손질하기

귤밭 까먹기

아보카도밭 뛰기

저마다의 세상에서 저마다의 행위를 하는 사람들. 그들이 생각한 채소(과일)와 행동은 말하는 이들의 얼굴과 닮아 보였다.

이성복 시인은 "글쓰기는 냇물에 징검돌을 놓는 것과 같다*"고 했다. 책방에 모인 우리는 시라는 돌다리를 두드리고 들춰보고 다리에서 벗어나 개울에 발을 담가보기도 하면서 자기만의 밭을 건넜다. 누군가는 토마토밭을 밟아 으깨느라 두 발이 온통 붉게 물들었고, 누군가는 키 큰 옥수수밭을 산책하다가 길을 잃기도 하였다. 누군가는 양배추밭을 손질하느라 손이 퉁퉁 부었고, 누군가는 귤밭을 까먹다가 얼굴이 누렇게 뜨기도 했다.

여전히 시에 대해 모르는 것이 많고 여전히 감상에 그치는 수준으로 읽어내고 있지만 시라는 매개체로 자신이 떠올린 하나의 세상 속으로 사람들을 초대할 수 있다니, 그 공간에 모인 이들과 시간 가는 줄 모르고 대화를 나눌 수 있다니 나는 앞으로도 계속해서 시를 읽고 시를 말하고 시를 나눌 것만 같다. 글을 읽고 함께 나누며 되새긴 문장들이 우리 내면의 또 다른 밭을 일궈내리라 믿어 의심치 않는다.

*이성복, 「글쓰기의 비유들」, 『고백의 형식들』, 열화당, 2014

시간에 시간을 덧대는 사람들

1.

좁은 길목에서 병렬로 걷는 사람들이 보인다. 그들 사이로 몸을 꾸겨 넣고 길목을 빠져나와 구불구불한 길 위를 직선으로 내달린다. 전철도 반듯하게 나아가는 것 같지만 실상은 구부러진 철로를 지나온 것처럼. 오늘은 그런 기분으로 달렸다. 구불구불한 인생을 대하는 마음으로. 불 꺼진 초등학교와 불 켜진 술집 사이에서 꼬부라진 기분을 가라앉히며.

2.

어젠 10km를 달렸으니 오늘은 3km만 달려도 되지 않을까 하는 알량한 마음으로 트랙을 9바퀴만 돌았다. 누가 시켜서 하는 운동도 아닌데 부채감이 드는 건 어떤 연유에설까. 부채감도 잠시, 편의점에 들러 자그마한 캔맥주 하나를 샀다. 인적이 드문 정자 아래 벤치에 앉아 맥주를 홀짝인다. 쌀쌀하지도 덥지도 않은 적당한 온도의 날씨다. 자정을 넘어가는 시간, 양리머스의 「midnight」을 들으며 작은 캔을 단숨에 비워낸다.

3.

트랙 위의 사람들을 요리조리 피해 달렸다. 대체 언제까지 피해 다녀야만 하는 걸까.

4.

오늘의 다짐이 내일의 행동이 되어야 할 텐데, 오늘 달리고 오늘 적어낸 글이 그저 오늘에 그치는 기분이다. 이런 기분 또한 훗날 뒤돌아보면 아무렇지 않게 달려낸 트랙처럼 쉬워 보일까. 정녕 그런 것이라면 그 넉넉한 마음을 빌려오고 싶다. 과거의 쓴 글이 되려 나를 앞서가는 것처럼, 미래의 마음을 오늘로 빌려오고 싶다. 미세먼지 때문인지 달리고 난 뒤의 목이 칼칼하다. 내 안에는 아직까지 뱉어내지 못한 뭔가가 분명 있다.

5.

칼바람 부는 날의 강한 볕을 좋아한다. 삶의 아이러니를 있는 그대로 보여주고 있으니까. 기분이 울적한 날엔 부러 신나는 노래를 크게 틀고 달린다. 오늘은 「Dancing in the moonlight」를 첫 곡으로 정오의 햇빛을 받으며 달렸다. 얼마 가지 않았는데 정신력과 체력이 줄다리기를 시작한다. 목표로 했던 3km를 넘기고 얼마간 더 뛰었다. 횡단보도 앞에 멈춰 러닝 앱을 종료했더니 뛴 거리가 3.65km로 측정된다.

한 해를 시작하는 마음으로 문밖을 나선 이에게 그 숫자는 제법 의미심장하다. 그렇게 올 한 해를 평균 5분 45초 대의 페이스로 달리면 된다는 걸까. 20분 58초간 무어라도 지속해 보라는 걸까. 분당 173번의 보폭으로 나아가면 되는 걸까. 365라는 숫자로 인해 평소엔 거들떠보지도 않던 케이

던스, 고도 상승, 칼로리를 나타내는 수치에 시선이 간다. 그 숫자들을 한참 헤아려보다가 좀처럼 나와 연결 지을 구석을 찾지 못한다. 집으로 돌아와 샤워를 하는데 불현듯 떠오른 사실. *아, 올해는 366일이구나.*

6.

불과 일주일 달리지 않았을 뿐인데 몸이 무거워진 느낌이다. 의자에 궁둥이만 붙이고 앉아 있으니 그 감각은 더 했다. 오늘은 일주일 만에 러닝이었고 평소보다 이른 시간에 밖으로 나왔다. 오후 아홉 시 무렵의 운동장 트랙은 사람이 꽤 많았다. 사람들 틈에서 달리다 보면 제 페이스를 잃을 것 같아 정해진 궤도를 벗어나 아파트 단지 뒤편으로 슬쩍 빠져나왔다.

7월의 바람에서는 달콤한 수박 향이 났다. 새롭게 조성된 공원에서 삼삼오오 모여 농구하는 고등학생들이 보인다. 수박 향이 감돌아서일까 농구장의 매끈한 초록색 바닥은 잘 익은 수박을 떠올리게 했고, 운동화 마찰 아래 새겨진 검은 발자국은 수박의 줄무늬를 연상케 했다. 인도를 따라 공원을 빠져나오는 데 부부로 보이는 남녀가 돗자리를 깔고 잔디밭에 누워있다. 그들 앞에 보이는 건 조잡한 네온사인의 동네명이었을 뿐인데, 그들은 한강에서 피크닉을 즐기는 그 누구보다 여유롭고 행복해 보였다.

7.

5km를 뛰었다는 알림이 들렸지만 달리는 발걸음을 멈추지 않았다. 오늘은 생의 회의를 느낀 터라 고민을 가득 안고 달리던 밤이었다. 어떤 고민은 달리는 와중에 바람에 실려 날아가 버리지만, 어떤 고민은 그 고민의 무게 때문에 달리는 발걸음이 무거워지기도 한다. 하긴 한숨에 풀릴 고민이었다면 오늘 밤 피곤한 몸을 이끌고 문밖을 나오지도 않았을 것이다. 기어코 10km를 채우고 나서야 집으로 발걸음을 옮겼다.

8.

 트랙 위엔 언제나 사람들이 있다. 나는 이곳으로 몸을 옮기기 위해 여러 차례 나를 설득해야 했다. 습해서, 더워서, 볕이 따가워서, 비가 와서, 힘들어서, 바빠서, 시간이 없어서. 수많은 핑곗거리를 내팽개치고 운동장으로 나왔는데 그 노력이 무색하리만치 사람이 많다. 저들은 어떤 이유로 달밤의 체조를 하는 걸까. 어떤 핑계를 이겨내고 트랙 위를 수놓고 있는 걸까.

 자주색 우레탄 트랙 위를 걷고 뛰고 나아가는 사람들은 시간에 시간을 덧대는 사람들이다. 반복의 힘을 믿는, 아니 반복을 인식하지 못해 되려 오래 반복할 수 있는 사람들 같기도 하다. 미래와 과거, 어제와 내일을 직선으로 잇는다. 오후 11시 30분에 뜀박질을 시작해 자정이 훌쩍 지난 시간 걸음을 멈추면, 그것은 어제를 달린 걸까, 오늘을 달린 걸까.

 사백 미터 트랙 한 바퀴가 하루라면 우리는 아주 지난하지만 아주 단순한 방식으로 일상을 반복하는 걸지도 모른다. 1분에 4킬로대로 제법 빠르게 달려보기도 하고 6킬로대로 천천히 뛰어도 보면서 나에게 맞는 삶의 빠르기를 파악한다. 그렇게 나만의 방향과 속력을 알아가다 보면 불현듯 나의 속도를 찾을 수 있지 않을까 하는 기대감으로. 어느 여름밤, 나는 1킬로미터에 5분 3초 대로 생의 보름치를 달렸다.

9.
모든 길엔 정도가 있다. 달리기도, 글쓰기도.

10.
뛰고 있는데, 분명 앞으로 나아가고 있는데, 왜 자꾸 뒤처지는 기분이 드는 걸까. 죽을 것처럼 힘이 들 때 딱 1분만 더 뛰어보기로 한다.

끝자락을 매만지는 일

   신발을 꺾어 신고 있는 내게 그이는 구둣주걱을 내민다. 자주색 플라스틱 막대기를 건네받고서 어떻게 사용하는지 몰라 멀뚱멀뚱 서 있자 그는 신발에 발을 넣으며 시범을 보인다. 사용법은 간단했다. 발꿈치와 뒤축 사이에 주걱을 댄 다음 힘주어 밟으면 끝. 구둣주걱을 익힌 이후로는 허리를 굽히지 않아도, 손가락 끝이 아리지 않아도 쉽게 신을 신을 수 있게 되었다. 그럼에도 엘리베이터 안에서 닫힘 버튼을 급하게 누르며 신발을 꾸겨 신은 날도 있었는데, 그럴 때면 뒤축 까진 신발이 밑에서 원망스러운 눈빛으로 올려다보는 것 같았다. 구둣주걱 활용법을 몰랐던 그동안은 얼마나 나의 끝자락을 작은 틈에 욱여넣고 있었던 걸까. 누군가 건넨 구둣주걱처럼 한 사람의 끝자락을 매만지는 물건이 있다. 지금 당신의 신발은 어떠한가. 당신의 끝자락은 안녕한가?

과거에서 벗어나 보세요

1.

"자, 이제 널브러지십시오."

이전의 다른 수련에서는 강사님이 준비해 오신 시퀀스에 집중하느라 시간에 쫓겨 송장 자세를 건너뛰거나 아주 짧게 하고 넘어갔었는데, 새롭게 둥지를 튼 요가원에서는 마지막 아사나를 그 어떤 자세보다 중요시 여기는 듯하다. 어제도 그렇고 오늘도 5분 넘게 매트 위에 널브러져 있었다. 그런데 널브러진다는 건 뭘까? 널브러진다는 건 그냥 누워서 쉬는 것보다 왠지 격정적인 느낌이다. 분명 정적인 자세인데 동적이란 말이지. 대체 대자로 눕는 자세를 어떻게 해야 최선으로 누워있을 수 있단 말인가.

'눕기' 대신 '널브러지기' 위해서는 그날의 시퀀스에 온전히 집중해야 했다. 매트 위에 굵은 구슬땀이 떨어지고, 허벅지 근육을 바들바들 떨리고,

뻗은 손끝에서부터 옆구리가 찢어지는 듯한 느낌을 받아야 했다. 한정된 시간 속에 완전하게 집중했을 때 마침내 널브러질 수 있었다.

오늘 나는 널브러졌는가?
오늘 나는 완벽하게 널브러졌다.

2.

오늘은 혼자서 수련을 받았다. 오전 요가원을 찾는 건 이런 매력이 있다. 원장님과 단둘이 차담을 나누다 최소 인원이 있는 다른 요가원도 있는 것 같은데 여기는 왜 그렇지 않으냐고 여쭤보니, 어차피 아침마다 요가원에 나오는 거 한 분만 오셔도 수련을 한다고 하신다. 손님이 없다고 동료와 투덜댔던 지난 주말의 행사를 떠올렸다. 보이차를 들이켜는 속이 뜨거웠다. 부끄러움에도 온도가 있다면 꽤 높은 온도일 것 같았다.

"전굴은 과거의 심상을 가지고 있고, 후굴은 미래의 심상을 가지고 있어요."

수련에 앞서 원장님은 본인이 다른 수업에서 들은 이야기를 전해 주었다. 얘기인즉슨 전굴은 과거를 바라보는 일이기 때문에 욕심을 내어 몸을 구부리기보다는 몸을 숙여내는 과정을 천천히 기다리는 시간이 필요하다는 뜻이었다. 반면 후굴은 미래로 나아가는 일이기에 보다 도전적이고 진취적으로 임하는 마음의 태도가 필요하다는 의미였다. 생각해보면 기록을 남기고 글을 쓴다는 것도 현재를 살아가는 일이라기보다는 지나온 일을 구태여 끄집어내는 일에 가깝다. 몸을 앞으로 깊이 숙이는 동작은 머릿속의 어렴풋한 감상으로 깔려있던 지난 일들을 건져 올리는 것과 비슷하지 않을까.

명상하며 나를 바라보고 나를 놓아주듯 전굴을 통해 과거를 바라보고 과거를 놓아주기로 마음먹는다. 측굴로 옆구리를 길게 늘리고 전굴로 들어선다. 등허리가 딱딱하게 굳어있는 나는 다리를 좌우로 벌린 상태에서 몸을 앞으로 내미는 게 쉽지만은 않다. 원장님의 도움을 받아 엉덩이 밑에 담요를 깔고 다리 각도를 조절해 몸을 숙여낸다. 허공을 휘젓는 손을 요가 블록 위에 올려두고 전굴 자세에서 5분간 부동을 유지한다. 3분쯤 흐르고 숨이 조금씩 트이자 블록에서 손을 떼 보다 깊게 몸을 앞으로 수그린다. 오금으로 전해지는 자극이 무뎌지자 졸음이 밀려온다. 불편이란 감각도 지속하면 무(無)에 가까워지는구나 눈을 감은 채 생각했다.

"이제 과거에서 벗어나 보세요."

전굴에서 빠져나오는 게 아니라, 과거에서 벗어나라고 한다. 그 말이 인상 깊어 어젯밤부터 마음에 얹혀 있던 고민의 체기가 내려간 기분이다.

과거로부터 한 발짝 멀어진 상태로 매트 위로 널브러졌다. 한 뼘 떨어져 스스로를 바라봐서인지 코를 골며 누워있는 나를 인식할 수 있었다. 쑥스러운 마음이 들 법도 했지만 오늘 수련생은 나 혼자라는 사실에 마음 편히 송장 자세를 누렸다. 글쓰기와 전굴이 과거의 일을 살피는 것이라면 수련 자체는 지금 이 순간을 살게 한다. 오늘 하루도 수없이 많은 잡념에 얽매일 테지만 그럼에도 요가는 꼬여 버린 나조차도 바라볼 수 있게 한다.

3.

이곳에서의 첫 저녁 수련이다. 오전 요가원을 찾을 때와는 다른 기분으로 운전하고 있다. 퇴근 시간대와 겹쳐 도로엔 차가 많다. 이런 상황을 대비해 10분 일찍 나온 것을 다행으로 여긴다. 요가원 앞에 주차 자리가 있다. 아파트 단지에 주차하고 걸어와도 되지만 겨울철 반바지 차림이므로 이 또한 다행으로 생각한다.

오전에는 주로 한두 명과 수련했는데 저녁 시간에는 여섯 명의 수련생과 함께한다. 나는 입구 쪽 뒷자리에 앉아 원장님의 얼굴이 보이지 않는다. 동작 대신 목소리를 따라 몸을 움직인다. 낮과 달리 실내가 어둡기도 하고 하루 종일 안경을 쓰다가 벗었더니 주변 사람들이 그저 윤곽으로 남는다. 그것이 나를 수련에 집중하게 한다. 외부로 시선을 돌리는 것이 아닌 내면을 들여다보는 시간이다.

오전 요가가 잠들어있던 몸을 깨우는 시간이라면 저녁 요가는 깨어있는 몸을 활용하는 시간이다. 낮 동안 자연스레 풀어진 몸을 이용해 평소보다 아사나에 힘쓴다. 어쩐지 우타나아사나가 어렵지 않다. 동작이 수월하니 몸을 움직이는 데에 재미를 느낀다. 조용한 집중과 밀도 있는 시간. 잡담은 멈추고 각자에게 집중하는 마음. 저녁 수련을 하며 이것이 내가 알고 있던 요가였음을 상기한다. 어깨 서기를 끝으로 매트 위에 대자로 몸을 눕힌다. 분명 정신이 또렷했는데 선생님의 음성에 눈을 뜬다. 그새 잠이 들었나 보다. 부지불식간 찾아온 졸음처럼 요가가 나의 삶으로 몰려오고 있다. 다만 나는 그것을 알아차리지 못하고 있다.

4.
토요일 오전 요가원에서는 머리 서기를 집중적으로 수련하는 시간을 마련했다. 대만 여행을 다녀온 뒤 꽤 긴 잠을 자고 일어났지만 여전한 여독에 원장님에게 보낼 카톡 창을 켰다. '원장님, 안녕하세요. 죄송하지만 오늘 컨디션이 안 좋아서'로 시작하는 문자를 적어내던 중 생각에 잠겼다. 나는 왜 이 시간을 피하려 하는가?

가만 떠올려보니 머리 서기,라는 단어에 주눅이 든 듯하다. 머리로 서지 못하는 내가 과연 머리 서기 수업을 들으러 가도 되는 건지 자기 검열을 시작한 것이다. 짧은 고민 끝에 내린 결론은 회피였고, 요가원을 가지 않음으로써 아사나를 행하지 못하는 나를 머릿속에서 지워버렸다.

아무 일도 하지 않으면 아무 일도 생기지 않는다,는 문장을 믿으면서 무언가를 매만질수록 어긋나버리는 요즘의 현실에 도피가 적절한 타협점이라 여기며 요가원을 찾지 않기로 한 것이었다. 더구나 생일을 맞이한 오늘은 되도록 마음을 자극하고 싶지 않은 터였다. 이 졸렬하고 옹졸한 마음이여…. 기피의 이유를 알아차리자 조금의 용기가 샘솟는다. 그래, 어디 한 번 가보자. 머리 서기 수업은 처음이잖아?

메시지 창을 닫고 몸을 일으켜 요가원으로 향했다. 일요일 오전 요가원을 찾는 이들은 평소보다 많았다. 사람들이 촘촘하게 가득 찼고 도보 위의 붉은 벽돌처럼 얼기설기 매트를 깔고 수련을 시작했다. 몸을 앞뒤로 움직이며 허리의 긴장을 풀어내고 몸의 열을 올린 후 명상을 했다. 그때 원장님은 오늘이 머리 서기 수련 날임을 상기시키며 말했다.

"저희가 요가 자세 잘하려고 수련하는 건 아니잖아요?"

요가는 본인이 지금 이 시간에 집중하고 동작을 해내려고 하는 마음을 헤아려보자는 것이지, 자세를 완성하기 위해서 수련을 하는 게 아니라는 이야기였다. 눈을 감고 그 얘길 들으며 저 혼자 주저했던 얼마 전의 나를 꾸짖었다.

너는 너무 잘 하려고만 해. 그럴수록 잘 해내는 건 하나 없는데도 상황을 통제하려고만 하지. 해볼 만큼 해봤다는 자기 위안거리를 만들어내는 것에 불과하다는 걸 네가 제일 잘 알잖아. 잘하려고 하지 말고 그냥 해. 요가원으로 오면서 들었던 장기하 노래*처럼, 한때 즐겨 들었던 그레이 노래*처럼 제발 그냥 하란 말이야.

정작 머리로 서는 시간은 얼마 되지 않았다. 80분의 수련 동안 시르사아사나에 머무는 시간은 기껏해야 몇십 초였다(그것이 나의 한계이겠지만).

동작에 다다르기 위해 팔꿈치의 힘을 길러내고 경추의 긴장도를 풀어내는 데 대부분의 시간을 할애했다. 처음부터 고난도 동작에 착수하지 않고 동작을 취할 수 있을 만큼 몸을 풀어내는 것이 우선이었다. 30분 넘게 매트 위에서 몸을 뻗어내고 웅크리고 늘려내면서 머리 서기에 적합한 상태, 즉 허리가 각성한 상태를 만들어내기 위해 힘쓴 것인데, 가만 보면 글이란 것도 그랬다.

노트북을 켜자마자, 공책을 펼치자마자 문장을 수놓았던 적이 있었던가? 글을 쓰기 전엔 늘 소설이나 시를 읽으며 뇌의 뭉친 근육을 풀어내었고, 하물며 종이 위에 침잠한 감정을 적어내기 위해서도 0.05%의 알코올의 힘을 빌렸으니 내 마음이라는 것도 단숨에 표현하기 어려운 것이었다.

그렇게 각성된 상태에서 머리 서기를 시도하자 평소와 움직임이 다르다는 게 느껴졌다. 머리 앞에서 깍지를 낄 땐 바닥에 닿은 손날이 묵직해졌다는 걸 감각할 수 있었다. 발끝을 세워 엉덩이를 들어올려 몸쪽으로 가져올 땐 그 발걸음이 가벼워졌다는 걸 느낄 수 있었다. 나는 혼자의 힘으로(처음으로!) 머리로 몸을 일으켜 세워 거꾸로 세상을 바라보았다. 그 순간 느꼈던 찰나의 안정감은 내가 나에게 준 생일 선물이었다.

*장기하 「해」, 그레이 「하기나 해」

5.

나는 오른쪽 약지 발가락에 관절 하나가 없다. 평소에는 느끼지 못하던 부재의 존재를 불현듯 느끼는 순간이 있다. 이를테면 풋살을 하다 똥볼을 차고 괜한 오른발 끝을 탓한다거나 요가할 때 쪼그려 앉는 자세에서 굽혀지지 않는 발가락을 발견할 때 그렇다. 마음을 쓸 때 마음이 보이듯 몸을 사용할 때 몸이 보인다. 저 굽히지 않는 한마디가 한 번든 생각은 절대 바꾸지 않으려는 고집불통의 내 마음 같아 안쓰럽다. 자신이 엄지인 양 하나의 관절로 삶의 숱한 굴곡을 버텨내려 하는 것인가?

오늘은 요가원을 병원으로 생각하는 사람과 같이 수련했다. 그는 늘 그랬다. 차담 대신 사담을 나누며 요가원 분위기를 어수선하게 했다. 거기서 멈추지 않고 매트에 앉아 명상을 시작하려는 원장님에게 자꾸 말을 건다. 그에게 매트는 진료실 의자와 같았다. 차담 시간에 그렇게 말했는데도 저리 할 말이 많구나. 옆에 있는 타인의 존재는 까맣게 잊은 걸까. 같은 공간에서 수련하는 이들의 입장은 안중에 없어 보였다.

저번엔 허리가 아프다고 한 것 같은데 오늘은 계단을 오르내릴 때 무릎이 불편하다며, 이럴 때는 어떻게 해야 하는지, 요가를 하면 괜찮아질 수 있는지 묻는다. 단칼에 끊어내지 못하는 심성의 원장님은 자신의 의견을 축약해 전달한다. 그런 의도를 파악하지 못한 그는 마술사가 입에서 여러 장의 카드를 쏟아내듯 거푸 질문을 던진다. 나는 무릎을 꿇고 앉아 눈을 감고 이 시간이 지나가기만을 기다린다.

수련을 시작하지 않는 게 의아했는지 원장님의 반려견 '만두'가 내게 다가와 허벅지를 핥는다(원장님은 오전 시간에 종종 강아지를 함께 데려오시곤 하는데 그때마다 왠지 모를 위안을 받는다). 만두의 표정이 그럴 만도 하다며 위로를 건네는 것 같다. 작정하고 배를 까고 드러눕는 만두를 어루만지며 상황을 흘려보낸다. 한마디 거들어야 하나 싶을 때쯤 그건 제가 진단 내릴 게 아닌 것 같아요, 라는 원장님의 완곡한 표현을 끝으로 수련이 시작됐다. 5분 넘게 무릎을 꿇고 있어 발목이 시원하게 풀렸지만 동시에 강한 저림을 느꼈다.

    그는 수련 중간중간에도 끊임없이 본인의 힘듦을 말로써 토로한다. 끙끙대는 소리도 아니고 허우적대는 몸짓도 아니고 시도하기 전부터 못 하겠다고, 힘들다고 약한 소리를 자랑처럼 떠벌린다. '정말! 여기는 드러내는 법보다 감추는 법을 배우는 곳이라고요!' 속에서 크게 반발심이 인다. 수련하면서 이런 잡생각이나 하고 있다니, 아직 갈 길이 멀구나.

    중요한 건 꺾이지 않는 마음이라지만 그보다 중요한 건 오래도록 꺾이지 않아 **빳빳**해진 마음을 받아들이는 태도다. 저것은 저 사람의 아집이고, 그 모습을 내 것으로 가져와 마음속에서 떨쳐내지 못하는 건 나의 아집이다. 저 이가 수련 중에 소란스럽게 하는 건 내가 통제할 수 없는 어떤 사고에 가깝다. 사고에 연연하는 건 다름 아닌 나이므로 이것은 나의 아집이다. 관절이 하나뿐인 약지 발가락처럼 내 안에는 쉽게 굽혀지지 않는 아집이 있다. 내 의도대로 통제할 수 없는 일이 일어난다면 그 시간을 나의 아집과 직면하는 시간이라 여기기로 한다.

6.

수카아사나로 앉은 자세를 취한다. 오른손으로 왼 무릎을 잡고 왼손은 오른쪽 천장 방향으로 뻗어낸다. 몸을 늘린다기보단 뜯어내는 형상에 가깝다. 피부 깊은 속에서부터 찢어지는 감각을 느끼며 아침부터 찾아온 상념을 뜯어내고 싶다고 생각한다. 반쯤 감은 눈으로, 반 근 무거워진 마음으로 시작한 수련에서 나는 갈비뼈를 길게 뜯어냈다.

생각해보면 뜯어낸 것들은 반듯하게 잘리지 않는다. 반듯함엔 인위적인 힘이 서려 있다. 이를테면 점선으로 표기된 찢는 곳이나 절취선과 같은 것. 나는 거스러미를 뜯고 손톱을 뜯고 입술을 뜯고 심지어는 책도 사람도 인연도 뜯는다. 그 단면은 언제나 서해의 리아스식 해안처럼 굴곡지고 복잡하다.

하지만 얼마 지나지 않아 거짓말처럼 새살이 돋아나고 새로운 뼈가 자라나는데, 그때의 것들은 신기하리만치 반듯하다. 성기고 거칠어진 몸을 고른 매트 위에 눕힌다. 해피베이비 자세를 취하곤 그 상태에서 강시처럼 팔다리를 위로 쭉 뻗어낸다. 발목과 손목에 힘을 빼고 그 부위엔 자아가 없다는 듯이 달랑달랑 흔들며 긴장을 털어낸다. 그리고 바닥으로 툭……. 폭립 뜯듯 갈비뼈 하나하나를 발라내고 키질하듯 에고를 까부르는 동안 나는 늘 초보자로, 초심자의 마음으로 되돌아간다.

7.

상체를 우측으로, 하체를 좌측으로 틀어낸다. 몸을 비트는 시간에 스스로에게 실망한다. 내 몸이

내 몸이 아닌 것 같아, 내 몸을 내 마음대로 사용하지 못한다는 사실에 심술이 난 것이다. 그럴 때는 마음을 내려놓으라고 말하는 원장님. 몸도 마음도 쉽사리 매트 위로 내려놓지 못하는 나는 그 말이 어렵기만 하다. 그렇게 습관의 형태로 굳어버린 등을 미워하며 몸을 움직이는데, 원장님이 덧붙인 한마디가 마음에 살포시 내려앉는다.

"몸에서 힘을 빼다 보면, 내려놓을 수 있는 것과 내려놓을 수 없는 것을 구분할 수 있어요."

나는 무작정 내려놓기만을 원했다. 하지만 어떤 마음은 쇳덩이처럼 무거워서 조심히 내려놓아야 했다. 그것은 몸도 마찬가지였다. 내려놓을 수 없는 걸 내려놓으려고만 하니 되려 힘만 잔뜩 들어갈 뿐이었다. 등허리를 늘려내고 팔을 크게 들어올려 굳은 갈비뼈를 풀어내는 시간 동안 내가 해야 할 것은 내려놓을 수 있는 것과 없는 것을 알아차리고 구분하는 일이었다.

결국 태도의 문제로 내게 와닿았던 것인데, 조금 더 기민하게 자신을 알아차리는 것이 필요했다.

힘을 빼고 툭 내려놓는다는 건 무턱대고 매트 위로 널브러지는 것이 아니라 내려놓을 수 있는 상태를 만들어놓고 내려놓기 위한 사전 작업을 마친 후에 느릿느릿, 꼬물꼬물, 살금살금, 꼼지락꼼지락하며 서서히 내려놓아야 하는 것이었다.

한 발짝 멀리 떨어져 나를 바라보고 나를 구성하고 있는 것들을 구분할 수 있다면 마음이 편해진다. 파도가 어떻게 치는지 아는 상태에서 서핑하면 보다 파도에 올라타기 수월한 것처럼 내 마음이 어떻게 요동치는지 알고 나서 수련한다면 보다 나의 흐름에 잘 올라탈 수 있지 않을까.

요가에 있어 '잘'이란 없는 듯해 몸은 잘 움직일 순 없더라도 몸을 움직이는 나를 잘 알아차릴 수 있지는 않을까. 나는 상태가 할 수 있음과 할 수 없음 중 무엇인지 구분할 수 있을까. 할 수 없음의 상태일지라도 낙담하지 않고 한 번 더 시도해 보는 용기를 가질 수 있을까. 어쩌면 수련에 지속적으로 임하다 보면 그럴 수도 있겠다 싶다. 요가라는 것이 삶의 한 부분을 굳건하게 받쳐 주고 있으니.

8.

날이 풀리는 요즘엔 요가원에 차를 끌고 가지 않는다. 유산소 운동도 할 겸 3km 거리의 요가원을 조깅해서 간다. 적당히 몸이 풀어진 상태에서 수련을 하면 기분 탓인지 몰라도 동작이 잘 되고 심신이 쉬이 차분해진다. 돌아올 땐 버스를 타기도 하고 힘이 남아있으면 뛰어오기도 한다.

마침 오늘은 마침 테라피 요가 시간이어서 많은 체력을 소진하지 않아 집까지 뛰어왔다. 달리면서 김광진의 「행복을 주는 노래」를 들었는데, 멜로디와 중간중간 흥얼거리는 목소리가 특히 좋았다. 집 앞에 도착해 친구에게 이 노래를 추천해 줬더니 그 마음이 고맙다며 본인 감사 일기에 적어내었다. 노래를 들었을 땐 행복을 느끼지 못했는데, 제목을 다시 보니 행복을 느끼는 노래가 아니라 행복을 주는 노래였다. 행복은 나눌 때, 누군가에게 건넬 때 찾아오는 것이었다.

9.

처음 요가를 수련했을 당시 찾았던 요가원으로 돌아왔다. 한동안 요가원에 다니지 않다가 새로 등록한 요가원은 차로 20분, 도보로는 1시간 넘게 걸리는 곳이었다. 이따금 뛰어서 가곤 했지만, 춥거나 날씨가 궂은 날엔 무조건 운전해서 가야 했고, 지난겨울 잦은 폭설로 인해 주차장에 차를 댈 수 없어 도로 돌아온 적이 한두 번이 아니었다. 심지어는 주차가 가능하다는 공간에 차를 댔는데 주차 딱지가 날라와 놀라기도 했다. 차마 원장님께 말은 못 하고 범칙금만 이체했던 기억이 난다.

Out of sight, Out of mind. 사람과 마찬가지로 요가원 또한 가까운 곁에 두어야 하는 걸까. 때때로 요가원을 찾는 수고로움이 노동처럼 느껴졌고, 개인적인 사정으로 수강권을 연장하지 않은 시간이 길어지자 자연스레 발길이 끊기게 되었다.

졸지에 둥지를 잃은 난 방황했다. 새로운 요가원을 물색해 봤지만 마음에 쉽게 서지 않았다. 인근에 있는 하타 전문 요가원에 관심이 갔지만 월초에만 등록할 수 있는 시스템이어서 막상 마음이 섰

어도 요가원에 갈 수 없었다. 그리고 그곳 또한 이전의 요가원만큼이나 걸어서 가기엔 멀고, 주차난이 예상되는 지역이기도 했다.

 요가 없는 나날을 보내면서 왠지 모를 죄책감에 시달렸다. 이때의 마음을 요가하는 지인에게 털어놓자 그런 마음이 드는 건 요가를 좋아하는 마음에서 비롯되었으니 나쁘지 않은 것 같다고 말하면서 왜 요가에 집착하느냐는 질문을 받게 되었다. 나는 그 질문에 그러게요, 라는 말로 대신하려다가 곰곰이 떠올려보았다. 나는 왜 요가원을 찾지 않는다고, 요가를 하지 않는다고, 요가로운 삶을 살지 않는다고 자신을 질책하고 있던 걸까. 요가 안내자가 되려는 것도 아니거니와 그동안의 수련도 내 입맛대로 띄엄띄엄하던 불성실한 요기가 아니었던가. 그런 주제에 고작 요가 에세이 하나 냈다고 요가에게 생색을 내고 있던 건 아닐까.
 요가를 하고 싶으면서도 먼 곳으로는 죽어도 가기 싫다며 시간의 효율성을 따지고 있는 나. 그렇다고 집에서는 혼자서 30분 이상 요가를 지속하는 게 어렵다며 투정 부리는 나. 제 몸 하나 통제하지 못하면서 세상사 무얼 해보겠다는 건지. 귀찮고, 지겹고, 번거로운 내 마음 하나 주체하지 못하면서 무슨 글로서 타인의 마음에 가닿을 수 있겠다는 건지……

그의 질문에 대한 답변은 행동으로 대신했다. 다음날 곧장 요가원에 연락해 수강권을 등록했다. 금액적으로는 3개월 20회, 30회권이 저렴했으나 욕심부리지 않고 1개월 8회권부터 시작하기로 했다. 요가원을 처음 찾던 그 마음으로 나의 첫 요가원을 다시 찾기로 했다.

복귀한 요가원에서의 첫 수련을 마치고 집으로 걸어오는 15분 동안, 이렇게 또 뭔가를 끄적이고 있다. 날씨가 춥지 않아서, 차를 끌고 갈 필요가 없어서, 가벼운 마음으로 걸어서 오갈 수 있는 거리여서, 무엇보다 수련에 집중할 수 있는 환경(공간이 넓고, 통창 밖으로 무성한 나무가 보인다)이 조성되어 있어서 가능한 일이다. 오늘 밤, 나는 온전히 첨벙하고 고요해진 상태로 집 앞에 도착했다.

잔뜩 조여낸 등 근육처럼 새로운 마음으로 적어내는 수련 일지가 나의 일상을 꽉 잡아주길 바란다. 약간의 긴장감이 아궁이에 손부채질하듯 삶에 활력을 불어넣어 줄 것이다.

10.

다시 돌아온 이곳에서 원장님에게만 안내를 받다가 오늘 새로운 선생님에게 처음으로 수련을 받았다.

얼마 전 박준 시인이 신간 시집을 출간하면서 창비에서 인터뷰한 영상을 보았는데, 시집을 추천해달라는 질문에 시인은 시 입문자에게는 최승자를 추천한다고 답했다. 이유인즉슨 처음부터 가파른 산을 올라야 나중이 편하다는 것이었는데, 오늘 나는 처음 만난 선생님에게서 이와 비슷한 느낌을 받았다. 물론 타 수련생들과 달리 나만 선생님과 초면일 수도 있는 상황이지만 나와 그의 관계는 시 입문자와 최승자 시인과 같았다. 선생님은 초장부터 나를 제압했고, 내 몸은 땀으로 반응했다. 다행인 건 조금씩 더워지는 날씨에 손수건을 챙겨왔다는 점이었다.

이마에 송골송골 맺히는 땀을 연신 닦아내느라 하늘색 손수건은 그 색이 짙어졌고, 수련의 끝 무렵엔 종아리와 팔뚝, 매트 위에 떨어진 땀을 닦아내느라 거진 남색이 되어있었다. 같은 하타 요가였으나 원장님과는 다른 스타일로 고난도 동작을 이어 나간 선생님은 할라아사나를 끝으로 마무리할 것 같았던 수련에서 수련생들에게 물었다.

"일정 있으신 분은 손 한 번 들어주세요. 바쁘시거나 힘드신 분은 먼저 가셔도 좋지만, 이왕 오신 거 머리 서기까지 한 번 하고 가는 게 어떤가요. 몸 풀렸을 때 하면 좋잖아요?"

저녁 9시가 되어가는 시간이었으므로 여남은 명의 수련생은 이후 이렇다 할 일정이 없는 듯한 모양새로 모두 매트를 벗어나지 않았다. 선생님은 연장된 시간에 머리 서기를 주문했지만 각자의 수준에 맞춰 다른 아사나를 시도해 보아도, 평소 부족하다고 생각했던 동작을 연습해도 좋다고 덧붙였다. 나는 그 두 가지에 합당하는 아사나가 바로 머리 서기여서 곧장 팔꿈치의 땀을 닦고 자세를 취했다. 선생님의 말따나 풀린 몸으로는 동작 이행이 수월했다. 머리 서기를 하는 데 있어 거침이 없었고, 이런 느낌은 처음이었다. 반동을 이용하지 않고 다리를 들어 올린 덕분에 균형을 잃지 않고 다리를 천장 쪽으로 천천히 뻗어낼 수 있었다. 옆 사람과 뒷사람의 분투가 눈에 들어왔으나 나에게 집중하기로 생각하며, 눈을 감지 않고 형광등 빛이 벽에 비치는 어떤 한 지점을 응시했다. 나는 그 상태에서 3분 이상 부동하며 머물렀다.

요가를 시작하고 1년 반이 지나서야 머리 서기에 성공했는데, 그 이후로도 매번 넘어지고, 굴러떨어지고, 휘청이고, 무너졌는데, 오늘은 정말이지 한 번의 위기도 없이 한 번의 도전으로 3분간 자세를 유지했다. 스스로도 자세를 유지하며 신기했는데, 그 섣부른 고양감이 균형을 흔들까 감정은 잠시 뒤로 미뤄두었다. 그렇게 아사나에서 빠져나와 잠시간 숨을 고르고 있는데 옆으로 사무실 안이 보였다.

수련이 시작되고 드문드문 보인, 책상 앞에 앉아 있던 원장님은 어느덧 그곳에서 벗어나 혼자만의 수련을 이어가고 있었다. 선생님의 재량으로 20분 늘어난 수련 시간에 원장님은 그 시간을 허투루 사용하지 않고 자신의 시간으로 활용하고 있는 것이었다. 속으로 '아, 저 정도의 마음가짐과 저 정도의 태도로 요가에 임하는 사람이니까 요가원을 운영할 수 있는 거구나' 싶었고, 그 모습을 온몸이 축축해진 채로 바라보면서 마음속에 무언가 철렁 내려앉는 기분이 들었다.

　저러한 마음가짐과 저러한 태도를 갖고 싶다는 일차원적인 생각이 들었을 뿐 아니라, 한 편으로는 부러웠고 한 편으로는 존경스러웠으며, 이를 넘어 요가라는 것이 운동하듯 단순히 몸만 잘 사용하는 게 능사는 아니라는 생각이 들었기 때문이다. 오늘은 요가를 안내해 준 초면의 선생님에게는 몸의 가르침을, 아무 말 없이도 나를 되돌아보게 해준 원장님에게는 마음의 가르침을 얻어 가는 밤이다.

　몸보다 중요한 건 마음이었음을. 마음을 알아차리기 위해선 몸을 움직여야 했음을.

11.

　화가 난 상태로 요가원을 찾았다. 하는 일도 제대로 안 풀리는 것 같고 허공에 새도 복싱하는 기분도 기분인데 이 정도로 맘고생하고 있으니 그만큼의 보상이 뒤따라오길 바라는 욕구가 머릿속이 가득 찼기 때문이다. 섣불리 결과물부터 떠올리고 있는 내가 나는 정말 싫었다.

　집구석에서 오가는 대화도 다 싫고, 그냥 모든 게 싫었다. 얼마나 마음이 삐뚤어져 있었냐면 수련생들에게 으레 묻는, 이를테면 저녁을 먹고 왔는지 묻는 원장님의 질문조차 대답하기 싫었다. 그런 내 마음이 전해졌는지 수련을 시작한 지 10분도 되지 않아 여기저기서 흘러나오는 신음에 화내지 말라고 말하는 원장님. 나를 콕 집어 말한 게 아니라는 걸 알면서도 괜히 찔리는 마음에 뻗어낸 다리가 요동쳤다.

　자꾸 엇나가는 마음에 몸의 균형도 금방 흐트러진다. 화내지 말자. 짜증 내지 말자. 아니, 제발 이런 생각도 하지 말자. 얼마간의 시간이 흐른 뒤 비둘기 자세를 취했다. 왼쪽 다리는 핸즈온을 받아, 오른쪽 다리는 스트랩의 도움을 받아 비둘기 한 쌍을 완성했다. 내가 만들어낸 비둘기는 종이접기가 어설픈 아이가 종이학을 접은 것처럼 엉성했지만 그 정도의 각도로도 마음의 화가 하체로 옮겨 간 듯 허벅지는 불타올랐다.

이어서 머리 서기를 시도하고 또 한 번 원장님의 도움을 받아 시르사아사나에서 곧바로 우르드바 다누라아사나로 동작을 이어갔다. 머리로 선 상태에서 허리를 앞으로 내밀고 다리를 뒤집어 바닥에 내려놓았다. 그렇게 버거운 아사나를 행하는 사이 나는 화를 잃어버렸다. 나도 모르는 사이 지갑을 잃어버린 것처럼, 잃어버렸단 사실조차 잊어버린 것처럼.

한동안 바닥에 널브러져 있다가 싱잉볼 소리에 정신을 차려 뉘어 있던 몸을 일으켜 세웠다. 조명이 꺼진 요가원에서 나마스떼, 인사를 하고 땀으로 적셔진 매트를 수건으로 닦았다. 개인 매트를 둘둘 말아 보관함에 넣고 겉옷을 입고 있는데 원장님이 다가와 칭찬을 건넨다. "택민님, 오늘 컨디션 좋던데요?" 그의 가벼운 질문도 받아치지 못했던 나는 칭찬을 칭찬으로 받아들이지 못하고, 그저 웃으며 묵례로 화답했다.

    요가원 계단을 내려오며 나는 의아함을 숨길 수 없다. 분명 화가 나고 마음이 불안정한 상태였는데 어째서 평소보다 수련에 집중할 수 있었던 걸까. 고작 한 시간 만에 사라질 감정을 그동안 얼마나 오래 움켜쥐고 살아왔던 걸까. 나에게서 벗어나 또 다른 나에게 집중하는 것이 불쑥 찾아온 화를 떨쳐내는 가장 좋은 방법이었을까. 잃어버린 감정을 찾아 헤매다 보니 내 몸은 어느새 집 앞에 도착해있다. 오늘은 내면의 소란으로부터 멀어진 고요한 밤을 보내려 한다.

.

시선과 태도

　서울 가는 길이다. 좀처럼 행동반경을 늘리지 않는 나로서는 시 수업을 들으러 가는 이 여정이 하나의 일탈에 가깝다.

　추위가 꺾인 오늘, 가벼운 차림으로 밖을 나섰다. 종이 사용을 줄인다는 명목으로 수업 자료는 PDF 파일로 전달해 주신다는 사전 공지가 있었으므로 노트북 대신 아이패드를 챙겼다. 자기 몫을 덜어낸 가방이 한결 가벼웠다.

　평소보다 얇은 차림 때문인지, 모처럼 서울 길에 올라서인지 그것도 아니면 새로운 배움의 설렘 때문인지 발걸음이 고양이처럼 가볍다. 마음의 짐도 겉옷 벗듯 가벼이 걸어 놓을 수 있다면, 가방 속에서 불필요한 물건을 꺼내 놓듯 지난날의 오판을 쉬이 물릴 수 있다면 얼마나 좋을까. 어쩌면 나는 나를 놓아주기 위해 시를 배우러 가는지도 모르겠다. 5주 뒤의 나는 어떠한 시선으로 시를, 그리고 나를 바라보고 있을까. 나는 다시 아무런 기대 없이 글로서 나를 표현할 수 있을까.

*

망원에서 망포까지 전철이라니… 지난 회사 생활이 떠오르는 지난한 노선이다. '원'에서 '포'로 가는데 투, 쓰리만 거치면 되는 것을 멀리도 돌아간다. 그동안 나는 얼마나 많은 길을 돌아왔던가.

수업 시작 전, 일찌감치 망원동으로 넘어왔다. 근처 카페에 들러 아이스 커피를 반쯤 마신 뒤 테이크아웃 컵을 들고 골목길을 서성이다 수업 장소로 향했다. 부러 발걸음을 늦췄음에도 가장 먼저 모임 장소에 도착했다. 시인님과 어색한 첫인사를 나누고 멀찍이 떨어진 자리에 앉았다. 잠시 뒤 한 사람씩 자리를 채우기 시작했고 정시가 되자 이론 강의가 시작됐다.

시인님은 본격적인 수업에 앞서 간단한 자기소개와 함께 이번 시 수업을 찾게 된 이유를 이야기해 달라고 요청했다. 처음으로 자신을 소개한 이가 본인이 종사하는 직업과 함께 나이를 밝혔으므로 그 뒤로는 줄줄이 비슷한 방식으로 소개가 이어졌다. 그것은 자기소개의 법칙이었다.

진행자와 가장 멀리 떨어진 자리에 앉아 있던 나는 자연스레 마지막 순서가 되었다. 자기소개는 내가 진행하는 모임에서도 늘 건네던 첫 질문이었지만, 막상 내 차례가 되자 "저는, 음, 어……"하며 떨리는 목소리로 겨우 입을 뗐다. 그들처럼 소속감을 느낄 만한 직업이 있는 것도 아니고, 시를 배우러 온 남다른 포부를 가진 것도 아니었기 때문이다. 시가 막연하고 어렵게만 느껴져 그 어려움을 이겨내고 싶다는 상투적인 말만을 내뱉었다.

'저는 1인 출판사를 운영하며 산문집을 펴내고 있는데요. 그동안 몇 권의 책을 내왔지만 이대로라면 더 이상의 발전이 없을 것 같아 작법의 변화를 주고자, 그동안의 숙원 사업이었던 시를 한번 제대로 배워보고 싶은 마음으로 찾게 되었습니다. 그동안 시라고 생각하며 적은 것들이 있지만, 지금 보면 시처럼 쓴 글이지 정작 시는 아니었던 것 같아요.'라고 속내를 꺼내지 못한 것이다.

수업을 준비하는 태도 역시 별반 다르지 않았다. 수업 이틀 전까지 자작시 중 한 편을 사전 과제로 제출해야 했는데 나는 시가 새로 써지지 않는다는 핑계로 예전 책 속에 실렸던 글을 그대로 발췌해 제출했다. 하지만 그건 시가 아니었다. 누군가 흘리는 말로 이거 시 같아요, 했던 글일 뿐이었다. 반면 옆자리에 앉은 수강생은 시를 난생처음 써봤다며, 모니터 앞에서 몇 시간을 고심한 끝에 겨우 한 편 완성해 제출했다고 했다. 그 이야기를 들으며 자신에게 몰두할 수 있는 끈기와 체력을 가진 그가, 자신의 노력을 아무렇지 않게 꺼내놓을 수 있는 그의 용기가 부러웠다.

나는 시를 한 줄조차 쓰지 못한 채, 스스로까지 속여가며 진심 없는 말을 늘어놓았다. 그러고는 역시 시는 너무 어렵다며 쉽게 포기해 버렸다. 그 마음을 그대로 주워 담아 집으로 돌아가는 지하철까지 주섬주섬 챙겨왔고, 가벼웠던 발걸음은 되려 무거워진 채 집으로 돌아가고 있었다. 나는 무엇이 그렇게 부끄러울까. 무엇이 나를 자꾸 움츠러들게 만드는 걸까. 시인님이 준비한 수업 자료 중에 이런 문장이 있었다.

"좋은 시, 잘 된 시를 써야겠다는 욕망이 문제입니다. 이 욕망이, 과욕이 우리의 사고를 흐리게 하고 우리의 재능을 잘못 낭비하게 하는 것입니다. 그러니까 창조하는 즐거움보다 결과만 탐하게 되어 남의 것을 모방하게 되고 얻어들은 지식을 나열하게 되고 자주 허하게 꾸미게 되는 것입니다."

책장 어딘가에 꽂혀 있지만 지금껏 한 번도 펼쳐본 적 없는, 오규원 시인의 『현대시작법』에 실린 문장이었다. 제대로 된 시작(始作)도 해보지 않고, 시작(詩作)을 논했던 과거의 나. 시를 알아가려는 시도조차 하지 않으면서 시가 나를 멀리한다고 불평하던 오늘의 나. 누구에게나 좋게 보이고 싶고 미움받길 원치 않으며 모든 것이 처음부터 완벽하게 잘 굴러가길 바라는 마음. 그것이 내가 글에 품은 욕망이자 과욕이었다.

*

  한 주 뛰고 수업이 있던 건 천만다행이었다. 어떤 장면을 어떤 식으로 표현해야 하나 골몰하던 탓에 시 생각에 잠식되고 말았다(고작 2주 만에 잠식됐다고 말하다니?). 시를 곁에 두려 할수록 시가 내게서 자꾸 멀어지는 기분이었다.

  두 번째 시간에도 모임 장소에 가장 먼저 도착했다. 시인님과는 여전히 어색한 인사를 나누고 지지난주와 건너편 자리에 앉았다. 분위기를 풀어보려는 듯 시인님이 "오늘도 일찍 오셨네요. 택민님은 직장인이세요?" 하고 물어왔지만 나는 어물거리며 말끝을 흐렸다. 퇴근 후 옷을 갈아입고 급히 서울행 열차에 오른 건 맞지만 그곳이 직장은 아니지 않나, 하는 생각이 먼저 떠올라서다. 때문에 그 짧은 정적과 어색한 분위기가 어쩐지 모두 내 탓인 것만 같았다.

  합평은 과제 제출 순으로 진행되었다. 가장 먼저 시를 제출한 사람부터 자신의 목소리로 시를 낭독했고 나는 첫 시부터 마음에 들었다. 낭독이 끝난 뒤 모두가 잠시 머뭇거리자, 시인님은 나를 지목하며 시가 어땠는지 물었다. 나는 어린 장금이가 홍시 맛이 나서 홍시 맛이 난다고 말하듯, 그저 좋았기 때문에 좋았다고 답했다. 그러자 시인님은 좋은 점만 말하지 말고, 좋았던 이유를 구체적으로 짚어 주고 부족한 점이 있다면 비평도 괜찮다며 지금보다 적극적인 합평을 주문했다. 그 후로는 저마다 각자의 방식으로 시에 대한 의견을 둥글고 날카롭게 전했고, 누군가는 자기 시선으로 시를 세심히 분석해 주기도 하였다. 나 역시 종종 의견을 털어놓았지만 때로 이해되지 않는 시구들 앞에서 속으로 나의 독해력을 의심하기도 했다.

절반 정도의 합평을 마친 뒤, 잠시 쉬는 시간을 갖기로 했다(하필 내 차례 바로 앞에서!). 거푸 물을 마시며 잠긴 목을 풀어보려 애쓰는 동안 초조한 10분이 흘렀다. 쉬는 시간이 끝나고 다시 합평이 시작됐다. 나는 「착각」이라는 제목의 습작시를 낭독했다. 2주 동안 은근한 압박을 느끼며 과제 제출 전까지 한 자도 쓰지 못하다가 막판에 쫓기듯 써낸, 지난주 영화관에서의 일화를 시적으로 풀어내고자 했던 한 페이지짜리 시였다.

마지막 행을 읽고 나는 가드를 바짝 올린 채 있었다. 하지만 허공에 까마귀가 지나가듯 아무도 말을 잇지 않았다. 그 짧은 정적이 억겁의 시간처럼 느껴졌다. 내 시는 좋고 나쁨조차 논할 수 없는 걸까. 한 사람의 마음을 움직이기엔 나의 표현은 아직 면봉처럼 뭉툭했던 걸까. 넌 *자기표현에 재능이 없는 놈이야. 지금 네가 지은 시처럼 단단한 착각 속에 빠져 살고 있는 거야.* 그 짧은 침묵 사이에 나는 스스로를 찌르고 괴롭혔다. 보다 못한 시인님이 다른 사람을 지목해 합평을 유도했고, 그제야 몇몇 분들이 자신의 감상을 나눠주었다.

"여기는 좋았고 여기는 아쉬웠어요. 마지막 문장에 이 단어는 다소 관용적인 표현 같아서 이렇게 한 번 바꿔보면 어떨까요?"

"두 번째 연은 너무 평범해서 일기처럼 느껴졌어요."

"어떤 영화를 보았는지, 예상과 달리 흘러나온 영화가 무엇이었는지 구체적으로 표현됐다면 좋앉을 것 같네요."

"정황이 잘 드러나고 상상력도 좋았지만, 이 부분의 과도한 설명은 시를 재미없게 만드는 것 같았습니다. 아예 빼버려도 괜찮을 것 같아요."

엎드려 절받기식 합평이었지만, 좋았다. 아이패드에 그들의 의견을 빼곡히 적으며 속으로 기뻐했다. 그동안 혼자 글을 쓰고, 혼자 책을 만드는 동안 나도 모르게 내 안에 가둬둔 세계를 누군가 망치로 깨주는 것 같았다. 그들은 분명 최대한 둥근 언어로 에둘러 말했을 테지만, 가벼운 고무망치에도 무릎은 무조건적으로 반응하는 법. 합평을 들으며 속으로 생각했다. 나는 이러한 피드백을 받기 위해 시 수업을 찾은 것이라고. 다음부터는 머리끝까지 올린 가드를 살짝 내려도 좋겠다고.

*

옷장을 보니 입을 옷이 없다. 빈번히 옷장을 비워낸 탓이다. 이 상황의 원인을 누군가에게 돌리고 싶지만 옷을 버린 건 다름 아닌 나다. 그래, 나는 나를 한동안 미워해 왔으니 나를 미워하는 일이 대수롭지는 않다지만 마지막 시 수업을 앞두고 이런 일이 벌어진다는 게 싫기도 싫은 거다. 겨울에는 코트 안으로 약해진 마음을 숨겼을 텐데, 요즘 같은 간절기는 나 자신을 숨기기에도, 보이기에도 애매하다. 그렇게 정류장까지 나갔다 다시 집으로 돌아왔다. 이 버스를 타지 않으면 제시간에 도착하지 못한다는 걸 알면서도, 서울의 누나 집에서 하룻밤 머물겠다고 약속까지 했음에도 발길을 돌렸다. 나는 방으로 들어와 외투를 벗어 던지고 그대로 바닥에 드러누웠다. 눈물이 흘러내렸다.

  나는 도망친 거다. 좁은 봉고차 안에서 너 납치된 거야,라고 말하던 강해상처럼 사방이 막힌 방으로 나를 몰아세운 뒤, 넌 지금 비겁하게 도망친 거라며 스스로를 추궁했다. 하지만 난 반박할 수 없었다. 도망친 게 맞으니까. 얇은 외투로 비친 나약한 마음을 마주하지 못하고 피해버렸으니까. 한참을 누워있다 시간이 더 늦기 전, 합평 단톡방에 연락을 남겼다. 부득이한 일정으로 마지막 수업을 찾지 못할 것 같다고, 그동안 너무 고마웠다고……

5주간 시를 쓰고 나누며 내가 스스로 불편해하는 지점이 무엇인지, 내가 얼마나 편협한 사람인지 알게 되었다. 이러한 깨달음을 얻을 수 있었던 건, 사랑과 멸종을 바꿔 읽을 수 있는 시인의 시선과 합평원 분들의 태도 덕분이었다.

　나는 내 시를 발설하느라 정신이 팔려 주위를 둘러보지 못했던 첫 만남을 기억한다. 이와 반대로 누군가는 자신의 시를 먹잇감 던지듯 테이블 위에 툭 올려두었고 누군가는 자신의 시를 합평해 줄 사람을 특정하여 지목하기도 했다. 그들의 모습은 나에게 있어 충격이라면 충격이었다. 언제든 나를 잡아먹어 주세요, 당신이 나의 글을 꼭 봐줬으면 좋겠어요, 하는 모습이 내겐 너무 생소했던 것이다. 감정을 숨기는 데 불필요한 에너지를 쓰지 않는 그들의 모습을 보며 나의 태도를 점검했다. 마른 눈물을 닦고 몸을 일으켜 세우며 오늘의 치욕을 잊지 않기로 한다. 그리고 그들이 나눠준 시선과 태도를 오래도록 기억하기로 한다.

　(그리고 세 편의 습작 시.)

착각

 누군가 다가와 이곳은 당신이 있어야 할 자리가 아니라고 한다
 내가 여기에 숨어있다는 걸 어떻게 알아냈을까

 번호를 헷갈렸을 리 없다며 단호히 돌려보내고 확인해 본 입장권은 나의 실수를 말해주었다
 다른 상영관에 들어온 것이다

 우리가 이곳을 찾았던 건 자신의 한자리를 찾기 위함이었는데
 자리 아닌 곳을 차지하고 있는데도 어둠을 빌미로 모른 척 지나가는 일들은 많고

 스크린의 커다란 빛이 작은 빛을 집어삼킨다

 때마침 같은 좌석을 예매한 사람이 나타나지

않았다면 예상 밖의 장면이 흘러나온대도 시작한 영화를 두고 자리를 벗어나지 못했을 것이다 이게 아닌데, 이게 아닌데 주위를 둘러보다가 끝내 다른 자리에 앉아 다른 영화를 보고 나왔을 것이다

  복도에서 헤매고 있을 그 사람 찾아가 제가 당신의 영화를 보고 당신이 제 영화를 봐주지 않겠느냐고, 영화가 끝나면 출구 앞에서 만나 서로에게 서로의 영화를 설명해 주는 게 어떻겠느냐는 상상을 해보았지만

  짐을 챙겨 서둘러 어둠 속을 빠져나왔다

온종일 짜파게티 생각을 했다

 짜파게티 생각을 했다 짜파게티를 생각하자 짜파게티가 먹고 싶었다 짜파게티를 먹어야겠다고 생각하니 짜파게티를 먹어야겠는데 짜파게티를 먹기엔 늦은 밤이라 내일 아침에 먹어야겠다고 생각했다 눈을 뜨자마자 짜파게티를 먹어야지 생각했지만 아침부터 짜파게티가 당기지 않아 점심으로 먹어야겠다고 생각했다 막상 짜파게티를 먹자니 하루에 한 끼 먹는데 이왕 먹는 거 짜파게티보다 제대로 된 걸 먹어야지 싶었다 저녁엔 배가 고파 짜파게티를 하나 끓여 먹을까 싶다가도 속이 더 부룩할 것 같아 냄비에 물을 올리지 않았다 출출해진 늦은 밤에야 짜파게티를 먹으며 영화 한 편을 볼까 싶었는데 찬장에 짜파게티가 보이지 않았다 짜파게티 생각을 하다가 나도 모르게 짜파게티를 끓여 먹은 걸까 이제는 무얼 먹어도 짜파게티 맛이 나는 것만 같고 잠을 자다가도 짜파게티 끓이는 물이 졸아버릴까 번뜩 눈을 뜨기도 하고 짜파게티를 누가 훔쳐 먹진 않을까 주위를 의심하기도 하고 짜파게티가 불면 어떡하지 있지도 않은 짜파게티를 걱정하는 지경에 이르러서야 짜파게티를 끓일 냄비를 하나 사야겠다고 생각했다 다른 라면은 담아낼 수 없는 짜파게티 전용 냄비면 좋을 것 같았고 색상은 이왕이면 짜파게티처럼 윤이 나는 블랙이면 좋겠다고 생각했다 이제는 정말로 짜파게티를 먹어야겠다고 생각해 짜파게티를 사러 간 마트에서 한 봉지를 사야 할지 다섯 개입 묶음으로 사야 할지 고민했다 더도 말고 덜도 말고 딱 한 그릇만 먹고 싶었으므로 한 봉지를 사려 하는데 짜파게티를 사야 할지 사천 짜파게티를 사야 할지 짜왕을 사야 할지 짜짜로니를 사야 할지 도저히 고를 수 없었다 매대 앞에서 짜파게티처럼 엉킨 생각을 풀어내느라 결국 빈손으로 마트를 나섰다 온종일 짜파게티를 생각하다 하루를 홀라당 태워 버렸고 집으로 돌아오는 길 아스팔트에선 검게 탄 짜파게티 냄새가 나는 듯했다 그 냄새를 맡자 또다시 짜파게티 생각이 나서

소진의 형식

몽당연필 위
지우개가 매끈하다

한 번도 사용된 흔적 없이 깨끗하다

말을 뱉어내고 늘어놓으며
침묵을 더럽히는 동안
어제를 한 번도 지워내지 않았구나

계속 쓰다 보면 둔해지는 감각이 있다
적어내고자 했던 건
무딘 마음이 아니었겠으나

날 선 손톱으로 살갗을 긁으면
여러 갈래로 붉은 생채기가 생기고

종이 위에 글자를 적으면
지워도 지워지지 않는 필압의 흔적이 남는다

길었던 연필이 언제 이렇게 짧아졌을까

연필을 쥔 이는 사라지는 일에도
매 순간 성심을 다하는 사람

제 안에서
자꾸만 날카로워지는 마음이 있어
커터 칼을 비스듬히 뉘어 연필 촉을 다듬는다

손마디만 해진 연필은
너무 커져 버린 간절함 같다
저것 봐, 살갗이 벗겨지는 동안 아무런 말이 없잖아

제 안에서
여러 번 부러지는 마음이 있어
입에 마개를 물리고 필통 안에 넣어두었다

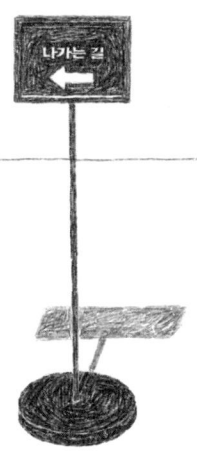

전시된 마음

ⓒ이택민, 2025

초판 1쇄 발행　　2025년 6월 21일

지은이	이택민
펴낸이	이택민
디자인	선영
번　역	정재이

펴낸곳	책편사
등록번호	제2020-000027호
이메일	chaekpyunsa@gmail.com
블로그	blog.naver.com/readwithpoet
인스타그램	@chaekpyunsa

ISBN 979-11-989568-9-7 (03810)

이 책의 저작권은 지은이와 책편사에게 있습니다.
책의 내용의 전부 또는 일부를 재사용하려면 펴낸곳의 동의를 받아야 합니다.